Latidos de mujer en el corazón de África

OLGA TÁULER SAN MIGUEL

TÁULER SAN MIGUEL, Olga.: *Latidos de mujer en el corazón de África*, Prólogo de Ernesto Juliá, Ideas y Libros Ediciones, Edición al cuidado de Miguel Táuler y Germán Rueda, Madrid, 2025, 254 pp. 148X210 mm.

Cubierta (sobre una idea de Blanca Táuler): GrafismoY.

Papel: ISBN 979-13-88088-00-1 - EAN 9791388088001

Digital: ISBN 979-13-88088-01-8 - EAN 9791388088018

Depósito legal: M-24648-2025

Una vez superados los gastos de producción, los derechos de autor correspondientes a este libro serán donados a *Cáritas*

Ideasylibros.ed@gmail.com

https://ideasylibrosediciones.blogspot.com/

PAPEL: Librerías.

Amazón, Casa del Libro, y otras plataformas de venta online como https://www.agapea.com/ en Península Ibérica, Canarias y Baleares

Además: **grupoediciones19.bajodemanda.com**

Alemania * Próximamente

Argentina *CUSPIDE http://www.cuspide.com/ *MANDRAKE mandrakelibros.com.ar *OZONUM Mercado Libre https://listado.mercadolibre.com.ar/

Brasil *O ATENEUM www.oateneum.com.br/

Colombia *LEMOINE EDITORES www.librosyeditores.com *BIBLIOSTORE Mercado Libre https://listado.mercadolibre.com.co/ *LIBRERIA DE LA U www.libreriadelau.com / **Chile**

*BIBLIOSTORE CHILE - Mercado Libre https://www.mercadolibre.cl/ *Voy a Leer www.voyaleer.cl / *WePrint

Ecuador *POWER STORE BOOKS www.powerstorebooks.com *THE BOOKS LINK www.thebookslink.com/

A mis padres,
que me marcaron el camino

ÍNDICE

PRÓLOGO

¿Puede, de verdad, quedar plasmado en unas páginas el espíritu que ha animado a un grupo de mujeres a sembrar la semilla de Cristo, la Palabra de Dios, en tierras para ellas desconocidas y muy lejanas, en espacio y en cultura, de las que les vio nacer?

¿Hay palabras para transmitir el milagro de la Evangelización cristiana, llevado a cabo con el mensaje del Opus Dei, que invita a hombres y mujeres a abrir el corazón para tratar a Dios Padre, a Dios Hijo y a Dios Espíritu Santo, con conciencia de ser hijos, hijas de Dios? ¿Es posible hacer entender la grandeza de ser santos, de llevar a cabo una Obra de Dios, en la normalidad del trabajo cotidiano, realizado con la intención de dar gloria a Dios y de buscar el bien de todas sus criaturas, siendo a la vez "almas de oración"?

Al leer estas páginas me he dado cuenta de que sí, de que es posible. Olga ha encontrado esas palabras, y las ha dejado escritas como testimonio vivo de que el mensaje del Opus Dei, que Dios Padre Misericordioso sembró en el alma de san Josemaría, ya ha echado raíces hondas en las tierras congoleñas.

Paso a paso, día a día, el corazón de las primeras mujeres del Opus Dei que han sembrado en el Congo se ha ido abriendo a la gracia de Dios. Tita, María Dolores, Leti, Isabelle han llegado desde España, Portugal y Francia, y en apenas años, por no decir en pocos meses, o en pocas semanas, se han convertido en verdaderas congoleñas.

Olga nos transmite, en estas páginas, el espíritu de servicio sacrificado, de olvido de sí mismas, de amor a Cristo y a la Iglesia, que estas mujeres han sembrado en el corazón de las personas que les han acogido y escuchado. Dificultades, contrariedades, incomprensiones, han encontrado en toda su tarea, Y ellas, con una sonrisa, muy unidas a Cristo y a su Madre Santísima, y sabiéndose acompañadas desde el cielo por el Fundador del Opus Dei, Josemaría Escrivá, y de la oración de todas sus hermanas en el Opus Dei, han convertido esos obstáculos, en cantos de alabanza a Dios Padre, Hijo y Espíritu Santo.

Los fundamentos de la labor evangelizadora que el Opus Dei sigue, y seguirá haciendo en el Congo, está bien asentada en sólido fundamento. Estas mujeres, y las que les han ido acompañando con el correr del tiempo, han vivido en plenitud el consejo que les dio Álvaro del Portillo, entonces Padre en la Obra, en su viaje al Congo:

"Si queréis un consejo, acostumbraos a poner vuestro trabajo en manos de la Santísima Virgen, para que ella lo ofrezca a su Hijo. De este modo, la tarea profesional y la vida entera se convertirán en oración y en ocasión de unión con Dios. Este es el mensaje de santidad que difunde el Opus Dei"

Ernesto Juliá

Latidos de mujer en el corazón de África

PRESENTACIÓN

Me parece oportuno comenzar estas páginas haciendo una breve referencia a mi trayectoria vital, que facilite al lector la comprensión del latido profundo de mi corazón que me ha llevado a seguir el ejemplo de las primeras mujeres que pisaron el continente africano en 1965 y, especialmente, a las que comenzaron en la R.D. del Congo, en 1982, las verdaderas protagonistas de estas páginas.

Me llamo Olga Táuler, nací en Madrid, en marzo de 1984, en el seno de una familia numerosa, de ocho hermanos, de hondas raíces cristianas. Realicé mis estudios de Bachillerato en el Colegio Montealto, Madrid (España).Obtuve la "Diplomatura en Enfermería" en la Universidad Complutense de Madrid, en 2005. Durante los seis años siguientes practiqué la enfermería en el área de ginecología, ampliando mi formación profesional junto al Profesor Dr. Luis Chiva de Agustín, actualmente, director del Departamento de Ginecología y Obstetricia de la Clínica Universidad de Navarra. A él debo mi formación profesional sanitaria, considerándole como el mentor que ha asentado, definitivamente, mi vocación más profunda: ayudar a las mujeres a traer a sus hijos al mundo, especialmente, a las más desfavorecidas y sin recursos.

Desde 2014 formo parte del claustro de profesoras del Institut Supérieur en Sciences Infirmières en Kinshasa (R.D. del Congo), entidad asociada al Centre Hospitalier Mère-Enfant Monkole, una iniciativa sanitaria impulsada, hace treinta y tres años, por el beato Álvaro del Portillo[1] para la formación de enfermeras nativas.

En 2021 el Instituto decidió comenzar un programa de formación para matronas, y gracias a la ayuda de personas como Marie Hatem, profesora de la Universidad de Montreal, y de instituciones como LINCCO[2], pusimos en marcha un programa de formación de formadores dirigido a enfermeras que quisieran dar el salto y formarse como matronas. La primera promoción se graduó en julio de 2023. Yo tuve la inmensa suerte de coordinar dicha formación. En agosto del mismo año, me desplacé a Canadá para realizar un "stage" en peri-natalidad, donde pude trabajar con un equipo increíble de matronas en La Maison de naissance de l'Outaouais y en La Maison Bleue de Parc-Extension, cuya misión es la de reducir las desigualdades sociales, trabajando con mujeres embarazadas en situación vulnerable. Fue una experiencia muy enriquecedora que me ayuda en mi labor profesional. Actualmente, trabajo en el desarrollo del "proyecto de formación de matronas" del Institut Supérieur en Sciences Infirmières con el fin último de

---

[1].- El beato Álvaro del Portillo y Diez de Sollano nació en Madrid en 1914. Se incorporó al Opus Dei en 1935 y se convirtió en la ayuda más firme de san Josemaría, permaneciendo a su lado durante casi cuarenta años, como su colaborador más próximo. El 25 de junio de 1944 fue ordenado sacerdote. Desde entonces se dedicó, enteramente, al ministerio pastoral, en servicio de los miembros del Opus Dei y de todas las almas.

[2].- El Instituto para la Cultura y la Cooperación (LINCCO), es una organización benéfica que brinda a los canadienses la oportunidad de marcar una diferencia duradera en los países en desarrollo a través del desarrollo de habilidades (https://lincco.org/en/).

que mujeres congoleñas obtengan la correspondiente titulación oficial, que les permita el ejercicio profesional.

Años antes, en 2004, cumplidos los veinte años, había solicitado la admisión en el Opus Dei[3]y, en el 2011, con el fin de completar mi formación doctrinal, viajé a Roma para cursar el Bachillerato en Filosofía y Teología, en la Pontificia Università della Santa Croce, que finalicé en 2014.

Mis años romanos además de permitirme acrecentar mi formación académico/doctrinal me dieron la oportunidad de vivir a escasa distancia de Villa Tevere, donde reposan los restos mortales de san Josemaría Escrivá[4], pisar la tierra que él piso, recorrer sus itinerarios romanos, trabajar a fondo sus escritos y profundizar en la encomienda que el Señor le hizo: "recordar en la Iglesia y en todo el mundo: la llamada universal a la santidad, como una manifestación clara de la plenitud de la filiación divina".

Recibí en esos años enseñanzas directas de don Javier Echevarría[5], entonces Prelado del Opus Dei, que

---

[3].- El Opus Dei es una Prelatura Personal de la Iglesia Católica, erigida por Juan Pablo II el 28 de noviembre de 1982, que ayuda a los cristianos corrientes a buscar la santidad en su trabajo y en sus ocupaciones de la vida ordinaria.

[4].- San Josemaría Escrivá de Balaguer, nació en Barbastro (España) el 9 de enero de 1902. Fue ordenado sacerdote en Zaragoza, el 28 de marzo de 1925. El 2 de octubre de 1928, por inspiración divina, fundó el Opus Dei. Murió de forma súbita, en Roma el 26 de junio de 1975. Fue canonizado por san Juan Pablo II en la Ciudad Eterna, el 6 de octubre de 2002. Su fiesta se celebra el 26 de junio.

[5].- Don Javier Echevarría Rodríguez, sucesor de Álvaro del Portillo al frente del Opus Dei, falleció en Roma el 12 de diciembre de 2016. Le

me planteó, la posibilidad de marchar a vivir a Kinshasa, capital de la R. D. del Congo, para trabajar en el Institut Supérieur en Sciences Infirmières.

Con un desconocimiento casi absoluto de la R.D. del Congo[6] y sin nociones de francés–fue otro el idioma aprendido en el colegio–, pero con una enorme ilusión por el panorama humanitario y apostólico que se abría ante mí, me preparé para la aventura. En primer lugar, centré mis esfuerzos en estudiar, con ahínco, el francés que desconocía por completo. En segundo lugar, viajé a Pamplona para realizar un "stage" en la Clínica de la Universidad de Navarra, con el fin de realizar prácticas profesionales en los distintos departamentos. En octubre de 2014 emprendí mi viaje a Kinshasa.

Han pasado más de diez años y ha habido penas, tristezas y alegrías, muchas alegrías. He conocido y tratado a muchas buenas personas que han gastado su propia vida entregada, sin reservas, a los demás. Han sido muchos hombres y mujeres convencidos de que con el nacimiento de Cristo todo cambió en la vida y en la historia de la humanidad. Religiosas, misioneros –católicos y de otras confesiones–, benefactores altruistas y anónimos, representantes de fundaciones y muchas gentes, que quieren ayudar a personas sencillas de gran corazón y carácter abierto: ciudadanos congoleños que intentan sobrevivir en condiciones precarias.

---

sucedió al frente de la Obra, don Fernando Ocáriz Braña, el 23 de enero de 2017.

[6].- Para un mayor conocimiento histórico pueden consultarse las obras de Isidore Ndaywel è Nziem: "Histoire générale du Congo: de l'héritage ancien à la république démocratique", Editorial Duculot, Bruselas, 1998 y "Nouvelle Histoire du Congo", Editorial Le Cri, Bruselas, 2009.

Las páginas que siguen no son un relato histórico al uso. Su finalidad esencial es destacar el papel de la mujer en esa *"partecica"* de la Iglesia que es el Opus Dei y, más concretamente, su labor apostólica iniciada en 1982, en la R. D del Congo, sin olvidar que fueron un *eslabón* más, de la cadena apostólica que en el continente africano iniciaron, en Kenia, en 1965, otro grupo de mujeres de la Obra, pioneras de la labor apostólica en África. Se trasladaron al Congo, con lo puesto, para llevar el mensaje de san Josemaría: "la santidad es posible en medio del mundo". Inspiración divina recibida en Madrid (España) el 2 de octubre de 1928.

He tratado de recoger, en las páginas que siguen, con fidelidad a sus relatos, en el fondo y en la forma, las vivencias, peripecias, anécdotas, y sueños en definitiva recuerdos de familia de aquel puñado de mujeres del Opus Dei, que aún hoy, trabajan, cara a Dios, en el corazón de África.

San Josemaría recordaba en Madrid (España), en octubre de 1967, que *"el Opus Dei [ha de estar presente] donde hay pobreza, donde hay falta de trabajo, donde hay tristeza, donde hay dolor, para que el dolor se lleve con alegría, para que la pobreza desaparezca, para que no falte trabajo—porque formamos a la gente de manera que lo pueda tener— para que metamos a Cristo en la vida de cada uno, en la medida en que quiera, porque somos muy amigos de la libertad"*[7].

La R.D. del Congo es, potencialmente, uno de

---

[7].- Citado por Mons. Fernando Ocáriz Braña, en "Agrandar el corazón", Pontificia Universidad de la Santa Cruz, Roma, 29 de septiembre de 2022.

los países más ricos del mundo, pero los abusos que en el tiempo ha padecido, lo condenaron a ser, en realidad, uno de los más pobres.

Este relato quiere una pequeña aportación de gratitud y esperanza, que contribuya, con la gracia de Dios, a iluminar las realidades actuales y futuras con la fuerza del carisma del Opus Dei, en la celebración de su cercano Centenario.

Para finalizar, quisiera agradecer la ayuda de todos los que me han acompañado en este proyecto, en especial la de mi padre, catedrático de universidad, que ha sido una importante ayuda para enriquecer el texto; la de don Ernesto Juliá, sacerdote y escritor, que, tras leer el manuscrito, se ofreció a realizar el prólogo; y la del profesor Germán Rueda, que accedió a su edición. El objeto del texto es hacer justicia y mostrar gratitud, por su entrega generosa, a las mujeres del Opus Dei, que con una vida profesional asentada y segura, lo dejaron todo para gastarse en hacer la Obra con alegría, trabajando con sentido profesional e ilusión apostólica, sosteniendo así, material y espiritual- mente, a muchas mujeres africanas y congoleñas en situaciones precarias. ¡Para servir, servir!

PRIMERA PARTE
EL ROSTRO AFRICANO DEL OPUS DEI

Josemaría Escrivá impulsó a las primeras mujeres del Opus Dei a emprender todo tipo de iniciativas profesionales, educativas y asistenciales en todos los ámbitos de la sociedad civil, con objeto de dar a los más desfavorecidos la oportunidad de acceder a la educación en el mundo entero.

El final de la Segunda Guerra Mundial abrió las fronteras europeas y permitió a Josemaría Escrivá iniciar una nueva etapa con el comienzo de la expansión internacional. La llegada del Opus Dei a otros países supuso mucho esfuerzo y la superación de incontables dificultades: la adaptación de las personas a culturas distintas, estrecheces económicas sin cuento durante décadas, incomprensiones del espíritu del Opus Dei, que comportaron, a veces, un lento desarrollo del trabajo apostólico. Los hombre y mujeres que hicieron realidad la expansión superaron todos los obstáculos, porque tenían claro las enseñanzas del Padre: la Obra venía a cumplir la Voluntad de Dios.

El Fundador decidió comenzar en cinco naciones europeas: Portugal (1945), Italia e Inglaterra (1946) y Francia e Irlanda (1947).

En el continente americano decidió que se comenzara por México (1948) y Estados Unidos (1949). La petición de numerosos obispos del continente para que el Opus Dei trabajara en sus diócesis llevó al Opus Dei a Argentina (1950). Así como a Chile (1950), Colombia y Venezuela (1951), Guatemala y Perú (1953).

Paulatinamente, la presencia del Opus Dei fue aumentando tanto en América como en Europa, sin embargo, la gran novedad fue el inicio de la labor en dos nuevos continentes: África y Asia (1954-1962), cuando algunos miembros de la Obra se trasladaron a Nairobi (Kenia) y a Osaka (Japón).

Por último, se produce la llegada a Oceanía y otros nuevos países en el periodo (1963-1975). El hito más importante, pues, significó la presencia del Opus Dei en los cinco continentes, fue el inicio del trabajo apostólico en Sídney (Australia) en 1963. Año en el que también comenzó la labor en Filipinas.

En 1975, año del fallecimiento del Fundador del Opus Dei, la Obra realizaba su labor apostólica estable en treinta y dos países de los cinco continentes, siendo más de sesenta mil, sus miembros, de ochenta nacionalidades[8].

---

[8].- Vid. F. Crovetto *"Expansión apostólica del Opus Dei, visión sintética"* en Diccionario de san Josemaría Escrivá de Balaguer, Ed. Monte Carmelo, Burgos, 2013, págs. 479-484.

La llegada del Opus Dei a África. Las primeras mujeres

En la hora presente, mujeres de la Obra trabajan en Kenia, Nigeria, Uganda, Sudáfrica, Camerún, Costa de Marfil y República Democrática del Congo (R.D. del Congo). El objetivo de la aventura africana era, en primer lugar, la evaluación de las necesidades de los nacionales, en los respectivos países y, en segundo lugar, impulsar proyectos que promovieran la formación, humana, cultural y profesional, entre otras, de las nativas, haciéndose una con ellas, según las costumbres y tradiciones de cada país, como siempre quiso san Josemaría.

Ganar dinero no es malo, pero el dinero sólo no da la felicidad. La valía personal no depende de nuestra posición en la sociedad sino en lo que aportamos a los demás. Las pioneras estaban convencidas, en lo más profundo de sus almas, que su trabajo profesional, en los países en los que realizaban su labor, contribuiría al progreso de la sociedad de cada país, donde surgirían brotes nuevos de su trabajo apostólico. Lo novedoso en África de esta manera de hacer —enseñanza personalizada y valores en la escuela y en la familia—dio su fruto, como veremos en las páginas siguientes, en la R.D. del Congo. Todo ello en un marco de dificultades económicas sin cuento y en el ajetreo, típicamente africano, de la vida diaria. En la actualidad, uno de cada cinco africanos en edad de trabajar está desempleado, a pesar de que la educación comienza a ser prioritaria[9].

La mayor recompensa y la mayor esperanza es el fruto de la siembra realizada por las mujeres de la Obra en África. Por citar un ejemplo personal, que me perdonará el lector, citaré el caso de Céline Tendobi, una ginecóloga congoleña, alumna de la Universidad de Kinshasa (UNIKIN), que tras años de trabajo e investigación en el Centre Hospitalier Mère-Enfant Monkole, acaba de defender su tesis doctoral en la Universidad de Navarra (España) con la ilusión de servir al desarrollo de su propio país mediante sus investigaciones sobre el cáncer de cérvix en Monkole.

"La alegría de Josemaría Escrivá ante las primeras vocaciones al Opus Dei en un país y en otro, desde Japón hasta Kenia o Paraguay, es una participación en la alegría de Dios en la creación al ver «que todo era bueno»"[10].

En palabras de Bernadette Wanyonyi Musundi[11], "la presencia del Opus Dei en África es un

---

[9].- Vid. I. Sánchez, *"Mujeres Brújula. En un bosque de retos"*, Ed. Planeta, SA, Barcelona, 2020, págs. 55-58. En las páginas 202 y 203 del libro citado, se encuentra el relato de Cécile Olenga, que cuenta el caso de Uriel, la primera niña prematura ingresada en la unidad de cuidados intensivos pediátricos del Hospital Monkole (R.D. del Congo). Cécile fue una de las enfermeras que, junto con otras, se turnaron durante veinticuatro horas para ir soplando oxígeno de sus propios pulmones y resolver la falta de oxígeno que se produjo en todo el país. Le salvaron la vida. Uriel creció sin secuelas y quizá sin saber cuánto costó sostener su vida.

[10].- Vid. E. Juliá, *"La vida de san Josemaría bajo el signo de la cruz. Tiempos de prueba"*, Ed. Ediciones Cristiandad SA, Madrid, 2024, pág. 263.

[11].- Bernadette Wanyonyi Musundi es una mujer keniana, Licenciada y

milagro de fe y de amor". La historia de sus comienzos es la de la fe y el amor de san Josemaría.

En 1957 Mons. Mojaiski-Perelli, delegado Apostólico de la Santa Sede para África Oriental y Occidental británica, había trabado amistad con san Josemaría, en Roma, a quién solicitó enviara fieles del Opus Dei a Kenia. Sin medios materiales ni humanos san Josemaría tomó la decisión de establecer en África el primer centro de la Obra, desde donde se irradiaría al resto de continente africano el "carisma" del Opus Dei: la santificación de la vida ordinaria asentada en la filiación divina. En agosto de 1958 algunos fieles de la Obra viajaron a Kenia estableciéndose en Nairobi, con el encargo de realizar "una locura": el Strathmore College, que se convertiría en una universidad.

Las primeras mujeres del Opus Dei llegaron a Kenia en 1960, antes de la independencia del país.

Máster en Humanidades (Especialidad Marketing). Fue secretaria Permanente de la Oficina del vicepresidente y del Ministerio de Interior, Patrimonio y Deportes. Fue vicepresidenta de las Cooperadoras Africanas en el Comité Mundial de Mujeres de las Alianzas Cooperativas Internacionales (ACI). Participó en el establecimiento de las políticas de género en su país. Ha desempeñado un papel decisivo en la coordinación de las medidas administrativas que condujeron al establecimiento de la Ley de la Infancia. Ha formado parte de varios consejos de administración, entre ellos el de la Fundación Kianda, como presidenta de Transparencia Internacional (Kenia), la Asociación de Guías de Kenia y del Gremio de Mujeres Trefoil, la Escuela de Magisterio de Highridge. Ha formado parte de los consejos de numerosas escuelas. Fue directora de Sing'ore Girls en el condado de Uasin Gishu, y presidenta del Regina Pacis College. Participó en la política y la gobernanza, a nivel nacional, como presidenta del The Independent Electoral and Boundaries Commission (IEBC). Directora ejecutiva de Maendeleo Ya Wanawake Organisation (MYWO), una ONG de mujeres que se ocupa de temas relacionados con los derechos de las mujeres y la equidad de género en Kenia.

Trabajaron, profesionalmente, en proyectos de gran interés para las mujeres kenianas, cubriendo sus demandas en un momento de transición política. Se necesitaba personal cualificado para hoteles, secretarias que reemplazaran a las británicas, y otros menesteres. Poco después las mujeres del Opus Dei abrieron Kibondeni College of Catering (Kibondeni en lengua kikuyu significa "el valle donde todo crece muy deprisa") para estudios de hostelería y Kianda College para estudios de secretariado.

En febrero de 1961, las mujeres de la Obra comenzaron lo que llegaría a ser Kibondeni College of Catering and Hospitality Management[12]. San Josemaría pidió a tres de ellas que se hicieran cargo del proyecto que preparaba a mujeres kenianas para dar servicio al profesorado y estudiantes de Strathmore. De estas últimas, pidieron la admisión en el Opus Dei, en 1963, las que serían las dos primeras numerarias auxiliares de Kenia: Florence Auma y Mary Mumbua. Les seguirían muchas otras que trabajarían no sólo en Kenia sino en otros países africanos.

En Kibondeni, inicialmente, se procuró elevar el nivel educativo de las alumnas procedentes de poblados cercanos. Poco a poco, las alumnas, se hicieron hueco en las cocinas de grandes hoteles, hospitales y colegios, trabajos reservados hasta entonces a hombres. El siguiente paso fue la concepción de programas de administración doméstica en escuelas de secundaria, por encargo del ayuntamiento de Nairobi. Con posterioridad, el Ministerio de Educación adoptó el programa para todo el país y las profesoras formadas

---

[12].- https://kibondeni.ac.ke/index.php/about-us/

en Kibondeni impartirían clases en escuelas privadas y públicas.

Las tres instituciones (Strathmore, Kibondeni y Kianda) pretendían, y lo conseguirían, que hombres y mujeres de todas razas, creencias y procedencia se formaran en virtudes y valores profesionales, humanos y espirituales, en un entorno de libertad y responsabilidad.

Diré que, hasta la independencia de Kenia, en 1963, las leyes coloniales segregaban la enseñanza en base a la raza y la religión. Cuando san Josemaría conoció dicha imposición animó a sus hijas e hijos a emplear todos los medios, humanos y sobrenaturales, para superarlo, pues, en su opinión "todos pertenecemos a una sola raza, la de los hijos de Dios". Una legislación especial permitiría a Strathmore su actividad con jóvenes estudiantes sin distinciones discriminatorias.

El trabajo realizado por los fieles del Opus Dei fecundó las raíces cristianas de las semillas sembradas por los misioneros, que roturaron la tierra, plantaron la semilla y con su sudor y sangre la regaron. Las mujeres y hombres del Opus Dei cosecharon los frutos de aquella siembra para la Iglesia, para África y para el mundo. Son historias de heroísmo en lo ordinario, de las que el lector encontrará, en las páginas que siguen, noticias de alguna de ellas: el hacer de las mujeres del Opus Dei en la R.D. del Congo.

En 1965, Esther Toranzo[13], española, Doctora

---

[13].- Vid. E. Toranzo, *"En el corazón de Kenia"*, Ed. Rialp, Madrid, 1994.

en Derecho, llegó a Kenia para unirse a un pequeño al grupo de mujeres llegadas de Europa, que iniciaban el trabajo apostólico del Opus Dei en aquel país. El mensaje que querían transmitir era la búsqueda de Dios en la vida ordinaria, que se plasmaría, entre otras realidades, en la creación de centros educativos dedicados a la formación de la mujer. Aquellas primeras, tratarían de aprender de las kenianas, adaptarse a sus costumbres para trabajar juntas.

Del trato cotidiano, dos kenianas, Berny Okondo y Lidya Waithira, hicieron suyo el espíritu del Opus Dei, viviéndolo con aire africano y aportando su visión de las verdades profundas y atractivas que caracterizaban al continente africano[14]. Okondo, originaria de la zona del Lago Victoria (Nyanza), nació a finales de la Segunda Guerra Mundial en el seno de una familia numerosa de la tribu waluhya. El apellido Okondo significa *"el que defiende"* y respondía al hecho de que uno de sus antepasados luchó contra los comerciantes de esclavos. Su padre fue el primer católico de su zona y a través de la catequesis condujo a muchos al bautismo. Entre ellos a la que sería su mujer, una joven de la tribu luo. Berny Okondo estudió en Kianda College y Kenya Polytechnic, en Nairobi. Más tarde pondría en marcha, junto con Esther Toranzo, la escuela de hostelería Kibondeni, ya citada.

Cuenta Berny Okondo que: "yo estaba termi-

El texto recoge las vivencias de su autora y constituye un testimonio del trabajo de las mujeres del Opus Dei en el país a partir de los años sesenta.

[14].- Vid. E. Toranzo, B. Okondo y L. Waithira, *"Deja que áfrica hable"*. Ed. Rialp, Madrid, 1997.

nando los estudios de secundaria en una escuela lejos de mi casa. Otra de mis hermanas conoció el Opus Dei en Nairobi y escribió a mi padre diciéndole que deseaba formar parte de aquella institución (Opus Dei). Mi padre se informó y me envió una carta por si me interesaba conocer ese camino nuevo, que consistía en vivir plenamente el cristianismo en medio de los afanas de cada día; me decía también cómo el estudio era medio de santidad, tal y como se lo explicó Olga Marlin, una de las primeras mujeres que empezaron el Opus Dei en Kenia. Antes de comenzar los estudios superiores, en el Kenya Polytechnic, tenía varios meses por delante, y mi hermano mayor, atraído por el prestigio de Kianda College, Obra Corporativa del Opus Dei, me animó a realizar unos cursos de mecanografía. Allí conocí a fondo el espíritu de la Obra y al poco pedí la admisión".

Para Olga, la más joven en una familia numerosa, la mujer africana necesitaba, por aquellos años, educación para ser libres y libertad para recibir una educación.

Su esfuerzo mereció la pena, a juzgar por la lista de antiguas alumnas de Kianda. Allí estudiaron la actual ministra de Sanidad de Kenia, Charity Ngilu; Evelyn Mungai-Eldon, fundadora del Evelyn College of Design; Pamela Mboya, la esposa de Tom Mboya; Gaone Masire-Moyo, la hermana de ex presidente de Botswana, Ketumile Masire; Zipporah Mayanja, diplomática ugandesa en Bélgica... Es una larga lista de mujeres fuertes que sobresalieron allá donde la vida los llevó.

Olga nació en New York, en 1934. Falleció en Kenia, el 5 de enero de 2025, cuando se cerraba la edición de este libro. Sus padres se llamaban Ervin Ross Marlin y Hilda Gerarda van Stockum. Viajaron mucho siendo ella niña, ya que su padre trabajaba en la ONU.

Acudió a la escuela primaria en Washington, antes de que la familia se mudara a vivir a Montreal (Canadá), en 1947, donde finalizó los estudios secundarios. Más tarde, se marchó al Trinity College de Dublín para estudiar un Máster en Idiomas Modernos.

"Mi padre siempre quiso que fuese a estudiar al Trinity College porque allí era donde él y mi madre habían estudiado". Aunque su familia regresó a Canadá, Olga prefirió quedarse en Irlanda, donde su vida había cobrado un nuevo giro tras conocer a unas chicas del Opus Dei, donde más tarde solicitaría la admisión.

"Mi actitud hacia la vida cambió radicalmente cuando sentí que Dios quería que me pusiera a su servicio". A petición de san Josemaría Escrivá, Olga y otras ocho mujeres se fueron a Kenya. Ella acudió para obedecer con alegría, aunque sabía que no siempre iba a sería fácil.

La idea inicial fue impulsar una escuela de formación profesional para ofrecer a las africanas la oportunidad de aprender tareas de secretariado (Kianda), con el fin de permitirles acceder a mejores trabajos y, por lo tanto, a mejores sueldos. En aquel entonces, la gente pensaba que Olga y sus compañeras estaban locas, pero una mujer de la familia Kenyatta –el presidente del país– les prestó todo su apoyo tras enterarse de que trataban de poner en marcha aquel proyecto.

Tras un breve periodo de enseñanza en el Kenya High School, por entonces un colegio sólo para blancos, Olga comenzó a poner en marcha su ilusionante iniciativa, no sin dificultades[15].

Pasado el tiempo, Kianda se convertiría en Escuela Secundaría (1967) y, en 1989, se abrió la Sección Primaria. En 1977 había comenzado el Faida Girls' Centre para estudiantes de Escuela Secundaria y, en 1987, el Fanusi Study Centre para estudiantes universitarios, en el Campus de la Universidad de Nairobi. Entre tanto Kianda Secretarial School se unió a Strathmore College en, 1993, y se trasladaron a un nuevo Campus en Mandaraka (Nairobi).

Otra iniciativa corporativa en Kenia fue Kimlea, un centro de enseñanza técnica para mujeres, que trabajan en las plantaciones de café y de té, la mayoría, sin estudios ni fuentes de ingresos, atenazadas en el *círculo vicioso de la pobreza*[16]. La Fundación Kianda comenzó Kimlea con el objetivo de proporcionar conocimientos técnicos a mujeres jóvenes y la finalidad de aumentar su nivel de vida y el de sus familias. Hoy en Kenia todos conocen la labor de

---

[15].- Vid. *"Olga Marlin: un sueño que se ha hecho historia"* en https://opusdei.org/es/article/olga-marlin-un-sueno-que-ha-hecho-historia/

[16].- En economía se entiende por el "círculo vicioso de la pobreza" el sistema que hace que un país pobre se mantenga, y de forma permanente, en estado de pobreza.

Strathmore y Kianda por su excelencia en el ámbito educativo y en el mundo del trabajo.

En 2003, nació Eastlands College of hechnology (ECT), un instituto tecnológico situado en Nairobi con el objetivo de ofrecer capacitación profesional, en el campo de la tecnología, la electrónica y las comunicaciones, a jóvenes desfavorecidos y desempleados de los suburbios de la capital. Por sus aulas han pasado cerca de siete mil alumnos. Con el Instituto han colaborado numerosos empresarios, poniendo a disposición sus empresas para la realización de prácticas laborales con los conocimientos recibidos en el ECT.

Dios envió el Opus Dei a África, donde está dejando, desde entonces, una impronta imborrable en la vida y trabajo de muchas almas africanas. En octubre de 2016 tuvo lugar la presentación de *"Njira"*, la primera edición de *Camino* en kikuyu. La primera obra de san Josemaría traducida a esta lengua africana y que en palabras del obispo de Kitui (Kenia) ayudaría a esparcir la semilla del Evangelio hasta el último rincón de África.

En la hora presente, siguen existiendo problemas, graves problemas, en África. Las sombras se alargan: desigualdades económicas abismales, corrupción, apropiaciones y/o expropiación de recursos naturales por terceros países, falta de verdad, de honradez, codicia desbocada, discriminación por sexos, matrimonios precoces sin respeto a la libertad personal, abortos como solución a la superpoblación, sistemas sanitarios deficientes, sistemas educativos muy imperfectos –con deficiencias profesorales y carencias morales– que repercuten de forma nefasta en los futuros ciudadanos. La pobreza de África procede, fundamentalmente, de la ausencia de una distribución equitativa de sus recursos.

Ya en 1994, Juan Pablo II en su Exhortación Apostólica postsinodal *"Ecclesia in Africa"*, invitaba al pueblo de Dios en África –obispos, sacerdotes, personas consagradas y laicos – al firme compromiso de poner en práctica con gran fidelidad las decisiones y orientaciones de su Exhortación: una vibrante llamada a la alegría cristiana.<fue la Virgen María la primera en recibir el anuncio del Ángel Gabriel y su Magníficat, el himno de exultación de todos los humildes (…) ante el acontecimiento inefable: la venida a la tierra del Emmanuel, Dios con nosotros>. África, dijo, <es, en cierto sentido, la *"segunda patria"* de Jesús de Nazaret, que, como niño pequeño encontró refugio en África contra la crueldad de Herodes> está llamada a la alegría (…) <Todo deberá mirar al fortalecimiento de la fe y del testimonio de los cristianos>.

A causa de las numerosas dificultades, crisis y conflictos que conllevan tanta miseria y sufrimiento en el continente, hay africanos tentados a pensar que el Señor los ha abandonado. <Y Dios responde con las palabras del profeta: "¿Acaso olvida una mujer a su niño de pecho sin compadecerse del hijo de sus entrañas? Pues, aunque ésas llegasen a olvidar, yo no te olvido">. El nombre de cada uno de los africanos está escrito en las manos de Cristo. Con gran confianza decimos: "el Señor mi fuerza, escudo mío en Él confío".

En el segundo Sínodo para África, celebrado el 2009, Benedicto XVI invitó a la valentía y a la fuerza en la fe, porque África ya se ha puesto en marcha y la Iglesia se mueve con ella. Pidió a los sacerdotes fidelidad al celibato y, a los laicos, castidad y despego de los bienes materiales, como embajadores de la vida cotidiana; también en la política, porque África necesita políticos santos que luchen contra la corrupción y trabajen por el bien común. Pidió a los gobiernos garantizar el justo apoyo en la lucha contra la pobreza y un esfuerzo en la promoción de la mujer, no sólo en el ámbito social, sino sobre todo en relación con las ideologías "tóxicas" sobre el género y la sexualidad. A los hombres a ser maridos y padres responsables, que defiendan la vida desde su concepción. Instó a una atención específica a jóvenes y niños, presente y futuro de África. Hizo un llamamiento a la comunidad internacional: tratar a África con respeto y dignidad, se cambien las reglas del juego económico y se detenga la explotación por parte de las empresas multinacionales. Destacó la importancia del diálogo con las religiones tradicionales, en el ámbito ecuménico e interreligioso, subrayando que la libertad religiosa es un derecho humano fundamental que incluye la libertad de compartir y proponer, no de imponer, la propia fe. Insistió, finalmente, en el agradecimiento a los misioneros, así como la necesidad de acoger a los emigrantes y refugiados en el mundo, porque la acogida es un deber.

En 2015, sin mencionar la violencia, carente de sentido, que, en ocasiones, se produce por aquellas tierras como ya indicó Benedicto XVI, don Javier Echevarría, entonces Prelado del Opus Dei, se dirigió a los fieles de la Obra en Kenia con motivo de los atentados producidos a comienzos de abril de aquel año: "Me he sumado a vuestro pesar ante semejante violencia (…) y me uno de corazón a vuestros sufragios por las víctimas y al dolor de sus familiares (…) porque estáis en las manos de Dios, que cuida de sus hijos kenianas y kenianos, con esmero y, aunque pesa la cruz, el Señor la permite para el bien de los que le aman y de la humanidad (…) procurad transmitir a vuestro alrededor sentido cristiano y paz: fomentad entre la gente que sepan perdonar y rezar por quienes cometen tan grandes desastres"[17].

Bernadette Wanyonyi Musundi ya se preguntaba en 2008[18] ¿Cómo podemos ayudar al desarrollo de África? ¿Cómo podemos romper el círculo vicioso de la corrupción y de la delincuencia en África? ¿Cómo podemos alcanzar un desarrollo humano y de liderazgo sostenibles? No existen atajos. Solamente se puede lograr por medio de la educación en virtudes y valores; lo que implica un gran reto para el continente africano. "Sí, África parece tener problemas insuperables; sin embargo, si nosotros, los hijos de Dios, podemos correr esta carrera juntos, ayudándonos, mutuamente, con un verdadero espíritu cristiano, todos cruzaremos la cinta al final de la carrera como vencedores de nuestra estancia terrena"[19].Del *"acompañamiento"* en esta carrera "juntos" son expertas las mujeres del Opus Dei que trabajan en África.

---

[17].- De la carta del Prelado a los fieles del pus Dei en Kenia con motivo de los atentados (3-IV-2015).

[18].- Vid. Simposio Internacional san Josemaría, *"Europa y África comparten muchos valores"*, Jaén (España), (12-11-2008).

[19].- https://opusdei.org/es/article/la-presencia-del-opus-dei-en-africa-es-un-milagro-de-fe-y-de-amor/ (10-12-2010).

El cariño de Don Álvaro por África

Con el tránsito al cielo del Fundador del Opus Dei, el 26 de junio de 1975, se cerró la etapa fundacional. Para don Álvaro del Portillo comenzaría lo que llamó "etapa de la continuidad en la fidelidad". Quiso que Josemaría Escrivá siguiera guiando la institución. Quién parecía haber fallecido era don Álvaro y no el Fundador, porque la continuidad era perfecta[20].

"Ya desde los primeros años del Opus Dei, san Josemaría fomentó el sentido de responsabilidad en su alma y en la de quienes trataba, para arrastrar con el ejemplo. Se conserva una nota autógrafa de aquellos tiempos que refleja esa preocupación: *¡es tremendo! Quiera o no quiera, los demás harán después <lo que el Padre hacía>.* Y añadía: *¡¡¡mi ejemplo!!!* Por eso, le urgía la necesidad de empujar a los demás con toda su vida. En 1952, tomé estas palabras: *seremos siempre: con sentido de responsabilidad sabiéndonos <eslabones de una cadena divina>. Por lo tanto, yo quiero que este eslabón, que soy yo, no se rompa; porque, si me rompo, traiciono a los demás. Y me gozo en la fortaleza de los otros eslabones (…)*"[21]

Dos fueron los objetivos fundamentales que se propuso don Álvaro durante el tiempo que estuvo al frente del Opus Dei: conseguir la aprobación de su

---

[20].- Cfr. Testimonio de Mons. Javier Echevarría Rodríguez, AGP, APD, D-19544, pág.165.

[21]. -Vid. J. Echevarría Rodríguez, *"Memoria del Beato Josemaría Escrivá"*, Entrevista con Salvador Bernal. Ed. Rialp, Madrid, 2000, pág. 58.

estatuto jurídico y dar comienzo a la causa de beatificación y canonización del Fundador. Don Álvaro sólo vivió para servir a Dios a la Iglesia y a las almas. Marlies Kücking[22] recuerda que le escuchó decir, el uno de diciembre 1978: "pedid por mí para que no me equivoque y ayude a nuestro Padre a lograr que salga" la solución jurídica definitiva para la Obra. Sería un camino largo y difícil. Don Álvaro puso siempre primero y con constancia los medios sobrenaturales. Mons. Echevarría, el más estrecho colaborador de don Álvaro, añadiría que: "demostró gran fortaleza –valentía, paciencia, perseverancia– en el camino que fue preciso seguir hasta llegar a la erección del Opus Dei en Prelatura Personal (…) un proyecto con el que se buscaba solamente dar gloria a Dios y servir a la Iglesia"[23].

Juan Pablo II erigió el Opus Dei en Prelatura Personal el veintiocho de noviembre de 1982 y la canonización de Josemaría Escrivá de Balaguer, tuvo lugar, en Roma, el seis de octubre de 2002. Con ello quedaron cumplidos los dos objetivos fundamentales que se había fijado don Álvaro del Portillo desde su elección como cabeza de la Obra.

El Papa, en 1981 denunciaba la situación doctrinal y moral en que se encontraban los países del Viejo Continente. En 1985 explicitaba los medios para salir de esa situación "se necesitan heraldos del Evangelio expertos en humanidad, que conozcan a

---

[22].-Testimonio de Marlies Kücking. Fue secretaria Central de la sección de mujeres del Opus Dei. AGP, APD T-1837, pág. 83.

[23].-Testimonio de Mons. Javier Echevarría Rodríguez, AGP, APD, D-19544, págs. 775-776.

fondo el corazón del hombre de hoy, participen de sus gozos y esperanzas, de sus angustias y tristeza, y al mismo tiempo, sean contemplativos, enamorados de Dios. Para esto se necesitan nuevos santos. Los grandes evangelizadores de Europa han sido los santos. Debemos suplicar al Señor que aumente el espíritu de santidad en la Iglesia y nos mande nuevos santos para evangelizar el mundo de hoy"[24].

Uno de los sueños apostólicos de don Álvaro fue trabajar en la China continental, para colaborar en la siembra de la luz de Cristo en aquel inmenso país. Aquel sueño se vería más cercano, a finales de 1980, cuando erigió el primer centro de la Obra en Hong Kong, y, dos años después, al comenzar la labor en Singapur. Los objetivos que se marcó don Álvaro se podrían concretar en "despertar en todos los ambientes de la sociedad una toma de conciencia de la llamada universal a la santidad, en el ejercicio del trabajo profesional ordinario, a través del apostolado personal de amistad y confidencia"[25], siguiendo siempre las huellas de san Josemaría.

Impulsó, a cada fiel de la Obra, a considerar cómo llevar la luz de Cristo a su propio ambiente: al hogar, la profesión manual o intelectual, al mundo de la cultura, a la vida universitaria, a las organizaciones profesionales, sindicales y políticas, a los medios de comunicación social, en fin, a todas las actividades honestas de la sociedad civil. Don Álvaro dio ejemplo con sus cartas pastorales

---

[24].- Juan Pablo II, *"Discurso al Simposio de obispos europeo"*, 11-X-1985, n.13: AAS78 (1986), 185-186.

[25].- J. Medina Bayo, *"Álvaro del Portillo. Un hombre fiel"*, Ed. Rialp, Madrid, 2012, pág. 561.

mensuales a los miembros de la Obra, su impulso a numerosas iniciativas de formación cristiana en favor de la juventud. Se dirigía a los jóvenes con franqueza, planteándoles metas espirituales y humanas exigentes y elevadas y confiando en sus potencialidades y en su generosidad, sabiendo, al tiempo, escuchar sus sugerencias con apertura de miras.

Prioritario consideraba, como campos de evangelización, la cultura y el mundo intelectual, promoviendo iniciativas para la creación de centros universitarios en diversos países y fomentando la investigación científica y la biomedicina[26]. Prestó especial atención a los medios de comunicación social, que como diría el cardenal Deskur, gran amigo: "el mundo de los medios de opinión y de la cultura constituía, como diría Juan Pablo II, un <Areópago> que había que iluminar con la luz de Cristo". Se ocupó de que se enseñase la doctrina social de la Iglesia en profundidad, en especial, a empresarios honrados, dispuestos a asumir las consecuencias de las exigencias de la fe cristiana en su ámbito profesional. Y todo ello recordando siempre la necesidad de dar doctrina y de *"enseñar al que no sabe"*. Cumplía así la petición de Juan Pablo II de que "vayamos a todas partes". A don Álvaro no le resultó nueva la demanda, pues, desde 1928, había heredado del Fundador ese afán de ir a todas partes.

A lo largo de los años que estuvo al frente del Opus Dei, Álvaro del Portillo promovió el comienzo de la actividad de la Obra en veinte nuevos países.

---

[26].- En España alentó la puesta en marcha del Centro de Investigación Médica Aplicada (CIMA) en la Universidad de Navarra, donde se reunirían más de trescientos científicos con el fin de desarrollar investigación de alto nivel y alcance internacional, con sentido cristiano.

Conllevó un esfuerzo sobrehumano, en personas y recursos, que nadie, sin una fe firme, un inmenso amor a la Iglesia y una confianza absoluta en la Providencia se hubiera atrevido a acometer. Lo llevó a cabo con prudencia y siempre que le fue posible asegurándose de la atención espiritual de los que comenzaban la labor en cada país.

Sus viajes pastorales le llevaron a los cinco continentes, donde predicó, personalmente, a miles de personas, el amor a Dios, a su madre Santa María, a la Iglesia y al Romano Pontífice, transmitiendo, con persuasiva perseverancia y simpatía, el mensaje de san Josemaría: ser santos en la vida ordinaria.

Los países en los que el Opus Dei comenzó su labor apostólica, gracias al impulso de don Álvaro, fueron los que siguen: Bolivia (1978), Honduras (1980), Hong Kong (1980), Zaire (1980), Costa de Marfil (1980), Trinidad-Tobago (1981), Singapur (1982), Suecia (1984), Taiwán (1985), Finlandia (1987), Camerún (1988), República Dominicana (1988), Nueva Zelanda (1988), Macao (1989), Polonia (1989), República Checa (1991), Hungría (1992), Nicaragua (1992), India (1993) y la ciudad de Jerusalén (1993).

Hoy, como ya dijimos en páginas anteriores, mujeres de la Obra residen, de manera estable, en Kenia, Nigeria, Uganda, Sudáfrica, Costa de Marfil, R.D. del Congo y Camerún. A pesar de las dificultades económicas que padecen los nativos y de los azares de su vida ordinaria, el denominador común, es el cariño de las gentes que allí habitan y su afectuosa acogida. ¡África engancha!

Iniciativas (educativas, asistenciales, sociales y culturales) alentadas por don Álvaro en África

"Josemaría Escrivá tenía un corazón mundializado, amaba todos los países y soñaba para todos con un futuro mejor. Pero, sin duda, aún sin haber podido visitar ese continente, sufrió de algún modo el llamado mal de África, una persistente añoranza por los paisajes, las gentes y la cultura de esa tierra"[27].

Sabiéndose el "*segundo eslabón*" de una cadena divina don Álvaro, durante sus años al frente del Opus Dei, impulsaría la puesta en marcha de iniciativas educativas, asistenciales, sociales y culturales entre los más necesitados, muchas de ellas cuajaron en el continente africano.

En 1981 don Álvaro recordaba y transmitía la experiencia de su época de estudiante universitario, cuando se involucró en actividades de las Conferencias de San Vicente de Paúl[28]. "Todos, en la medida de lo posible, hemos de ponernos en contacto con las per-

---

[27].- Vid. I. Sánchez, "Mujeres Brújula", Ed. Planeta, SA, Barcelona, 2020, págs. 58.

[28].- La Sociedad o Conferencias de San Vicente de Paúl (SSVP) es una organización caritativa, católica y laica. Dirigida por voluntarios y creada en París, en 1833, dedicada a la atención de pobres y necesitados.

sonas que sufren, con los enfermos, con los pobres (…), con los que están solos, abandonados".

Siempre aprovechó sus visitas pastorales por el mundo entero para alentar iniciativas sociales y educativas, consecuencia de su preocupación por los pobres y los enfermos: "impulsar a promover o a participar en labores asistenciales, con las que se trate de remediar, de modo profesional esas necesidades humanas y muchas otras". Le alegraban, profundamente, las noticias de los miembros de la Obra que trabajaban, profesionalmente, en tales labores y animaba a nuevos proyectos, en especial, en los lugares de mayores carencias. En su alma latía su pasión por ayudar a los demás y acercarlos a Cristo.

Son muchas las iniciativas alentadas por Álvaro del Portillo en el mundo entero durante los años que estuvo al frente de la Obra (1975-1994)[29]. En el Anexo II damos noticia de algunas de ellas, a lo largo del ancho mundo y en el Anexo III en el continente africano, particularmente[30].

---

[29].- Vid. *"Una mano tendida"* en https://opusdei.org/es-es/article/inic/

[30].- Con motivo del centenario del nacimiento de don Álvaro, "Romana", el Boletín de la Prelatura de la Santa Cruz y Opus Dei, recogió en su núm. 57 (julio-diciembre 2013) algunas de las iniciativas que contaron con su aliento o que nacieron de modo directo bajo su impulso. La publicación pretendió ser el agradecimiento que, muchas almas, quisieron manifestar por los bienes espirituales y materiales obtenidos de la acción en el tiempo de aquellas iniciativas.

Los viajes apostólicos de don Álvaro por África

Con limitaciones de salud, que fueron cada vez más agudas, don Álvaro afrontó, en 1989 su catequesis presencial por cinco países de África. Su ilusión de muchos años se vio cumplida. Con este motivo escribió a sus hijos:

"Cuando recibáis estas líneas, estaré realizando –si Dios quiere– mi primer viaje a tierras de África, ese continente queridísimo que nuestro Fundador no pudo visitar durante su vida en la tierra, aunque mucho lo deseó. Encomendad todos a una, como os he pedido con ocasión de otros viajes, los frutos espirituales de estos días que pasaré en Kenia. *Regina Africae, ora pro nobis!*"[31].

Para hacer más llevadera, desde el punto de vista físico su actividad, esta se programó en cuatro etapas. Regresaría a Roma al finalizar cada una de ellas. El conjunto supondría treinta y cuatro días en el continente africano, repartidos entre Kenia, R.D. del Congo (entonces Zaire), Camerún, Costa de Marfil y Nigeria. Se conservan notas de sus palabras en ciento cuarenta y seis intervenciones.

Don Álvaro pisó África por primera vez el uno de abril de 1989, residiría hasta el día diez en la sede de

---

31.- Del Portillo, A., *Cartas de familia*, vol. 3, n.15.

la Comisión Regional del Opus Dei en Nairobi (Kenia), el primer país africano al que llegó el Opus Dei en 1958. Como siempre, la estancia comenzó con una visita a la Virgen[32] y, al Ordinario local –en aquel momento, el arzobispo de Nairobi Cardenal Otunga– y al Nuncio Apostólico.

Los encuentros de don Álvaro, más numerosos, se celebraron en el *Kenyatta International Conference Center*, y los participantes volcaron todo su cariño, según las costumbres autóctonas: le ofrecieron alimentos típicos y le nombraros *"Elder"*, título correspondiente a un padre de familia al que se trata con sumo respeto. En la primera *tertulia* le entregaron los símbolos de esa dignidad: un escudo, una lanza, el bastón de mando (el *flywhisk*), que corresponde al que ha de abrir camino a los demás, y un carnero. Se creó un ambiente familiar y, en este clima, se desarrollaron todas las catequesis.

Al Padre le gustó mucho un proverbio *kikuyu*: "No hay montaña difícil de subir cuando en la cumbre hay un amigo". Lo aplicaba a la vida cristiana: "Nosotros tenemos en lo alto de la montaña a Cristo, que es Hijo de Dios. (…) Por lo tanto, no hay ninguna dificultad que no podamos superar, ningún obstáculo que no podamos vencer, porque Jesús está con nosotros"[33].

Se sirvió también de otra expresión, popular en

---

[32].- En Kenia son excepción los santuarios y ermitas erigidas en honor a la Virgen María. Las primeras mujeres de la Obra que llegaron a Kenia sólo pudieron encontrar una capilla dedicada a una advocación "Our Lady of Mount Kenya" (Nuestra Señora del Monte Kenia).

[33].- Álvaro Del Portillo, Palabras pronunciadas en una reunión familiar, 8-IV-1989 en Nairobi (Kenia).

Kenia, que se emplea para significar una tarea que se realiza en común, en la que todos a una deben colaborar: *Harambee.*[34] La utilizó para explicar la Comunión de los santos: "Hay otro *harambee espiritual*, que es maravilloso, y que consiste en que lo que hacemos nosotros, si lo hacemos por amor de Dios, contribuye al bien de toda la sociedad (…): se llama la *Comunión de los Santos*. La Comunión de los Santos está formada no solo por santos, porque todos en la tierra somos pecadores, sino por gente que quiere ser fiel a Dios Nuestro Señor, y se esfuerzan por serlo"[35]. A su regreso de Kenia volvió conmovido del cariño que le habían mostrado.

El segundo viaje africano de don Álvaro tuvo lugar del veintidós al treinta de agosto de 1989 con dos destinos: Zaire y Camerún. Su predicación se acomodó a la situación social del Zaire, en aquel momento[36]. Comenzó con una alusión al versículo del profeta Isaías que dice: *Discite benefacere!" Aprended a hacer el bien"*(Is1, 17). Insistiendo en la necesidad de empeñarse por adquirir la preparación necesaria para desarrollar, con competencia, y espíritu cristiano, el propio trabajo, y contribuir así al progreso del país. Pero, precisó, el

---

[34].- El vocablo *harambee* dio nombre en 2002 a un proyecto que desde entonces persigue el sostenimiento de iniciativas educativas en África y sobre África; y que, busca la promoción de actividades informativas y de sensibilización sobre la cultura africana y los desafíos del continente. Nació con motivo de la canonización de san Josemaría Escrivá. Se inspira en sus enseñanzas relativas al empeño social y educativo de los cristianos. Actualmente se conoce con el nombre de *Harambee África Internacional.*

[35].- Álvaro Del Portillo, o.c. Palabras pronunciadas en una reunión familiar, 8-IV-1989 en Nairobi (Kenia).

[36].- Zaire se convertiría con el tiempo y dolorosos sufrimientos, consecuencia de luchas internas, en la R.D. del Congo.

cristiano está obligado a hacerlo por amor de Dios y no por ambición personal.

Uno de los obispos con quien se entrevistó le habló de las dificultades que padecían, por carecer de un buen hospital en Kinshasa, y le pidió ayuda[37]. Don Álvaro le respondió que haría todo lo que estuviera en su mano, respetando la libertad que tienen los fieles del Opus Dei cuando desarrollan sus trabajos profesionales, como cualquier católico. Trató el asunto con algunos médicos, que tomaron con interés la sugerencia[38]. El resultado fue la creación del Hospital Monkole en Kinshasa, capital del Zaire, labor a la que ya aludimos en páginas anteriores al narrar las iniciativas alentadas por don Álvaro.

Al día siguiente de su llegada a Yaoundé (Camerún), donde la labor había comenzado apenas hacía un año, en su homilía, durante la Misa, don Álvaro dijo: "Hijos míos, estáis apenas comenzando. Sois la semilla arrojada por el Señor que ha de desaparecer para que en esta tierra despunten muchas almas que le amen. Soñad, y la realidad superará vuestros sueños. Ya está comenzando a brotar la planta y, después, crecerá (…) ¿Habrá dificultades? Es inevitable: Dios bendice siempre con la Cruz. Pero, junto a la dificultades, personales o colectivas, tendremos la gracia de Dios para vencer y gritar con alegría: ¡Señor, aquí estoy porque me has llamado!"[39]. Regresó a Roma.

---

[37].- Cfr. Testimonio de Joaquín Alonso Pacheco, AGP, APD T-19548, pág.41.

[38].- Cfr. Testimonio de Mons. Javier Echevarría Rodríguez, AGP, APD T-19544, págs. 240-241.

[39].- Álvaro Del Portillo, Homilía pronunciada el 28-VIII-1989 (AGP, Serie B 1.4 M-890828).

Tras su vuelta comentaría: "me emocionó oír que allá en África, en el continente negro, no hay ninguna persona atea. Todos creen en Dios; unos han recibido la fe en el Dios verdadero, otros lo buscan y están deseosos de conocer la verdad".

Volvería el catorce de octubre de ese mismo año a Costa de Marfil. En Abiyán visitó el cementerio donde reposan los restos del primer miembro de la Obra marfileño[40]. En el *Hôtel Ivoire* tuvo su primera tertulia. En la que, como muestra de cariño y deseo de escucharle le impusieron el paño *"Kita"*. Visitó la aldea M'Bato-Bouaké a unos treinta kilómetros de Abiyán. Agradeció a los jefes de tribu locales la cesión de un terreno que sería destinado a la construcción de una casa de retiros. Les dijo: "Tiendo la mano como un pobrecito de Cristo y os pido la limosna de vuestra oración. He venido aquí a aprender y estoy aprendiendo, porque veo la estupenda unidad que reina entre vosotros y veo vuestra alegría. Sabed que vivo en Roma, allí vive el Vicario de Cristo, el Papa. Antes de partir me dijo que os trajera su afecto y su bendición, que es la bendición de Dios. Estoy seguro de que me iré de aquí más rico, porque tendré vuestras oraciones, vuestro ejemplo y el afecto que me habéis demostrado. Estoy conmovido"[41].

Por última vez, volvió a Roma y regresó el nueve de noviembre a Nigeria, su último viaje a África. Con esta visita, que finalizaría el veinte de noviembre

---

[40].- Cfr. Testimonio de Joaquín Alonso Pacheco, AGP, APD T-19548, pág. 81-82.

[41].- Álvaro Del Portillo, Palabras pronunciadas en la tertulia celebrada el 17-X-1989 en M'Bato-Bouaké.

de 1989, se cerraron sus viajes apostólicos al continente africano. Más aún fue, su último viaje fuera de Europa, excluyendo el que hizo a Tierra Santa, en 1994, que precedería a su fallecimiento.

Pudo visitar a sus hijas e hijos, así como a cooperadores y personas implicadas en las labores apostólicas del Opus Dei en aquellas tierras. Visitó las ciudades de Lagos, Ibadán, Iroto, Enugu, donde existían centros de Prelatura, bendijo allí algunos oratorios y altares. En Iroto, donde se encuentra Iloti, un centro de conferencias dirigido por los fieles del Opus Dei recibió el homenaje de los habitantes de los pueblos cercanos, que le agradecieron la labor realizada.

El dieciséis de noviembre en la catequesis celebrada en Benin City (Iroto), a la llegada de don Álvaro una niña le entregó un ramo de flores. Al finalizar la tertulia, la niña dijo a su madre: "mamá, el Padre me ha besado en la frente, así que no me la voy a lavar nunca más".

En un encuentro en Enugu comentó un refrán aprendido del obispo de la diócesis que decía: "Si no hay agua en la olla, no se puede hacer sopa". Don Álvaro, con su proverbial agudeza le dio la vuelta, aludiendo a la necesidad de contar con la gracia (el agua) en el apostolado y de añadir los fideos y el condimento adecuado (el esfuerzo personal de cada uno) y todo ello para acercar almas a Dios.

Al igual que en Kinshasa, en Enugu, don Álvaro sugirió a algunos de sus hijos en el Opus Dei que estudiaran la posibilidad de promover un hospital partiendo de una pequeña clínica, ya existente, a la que realizó una visita.

En la sala de espera del aeropuerto, dispuesto ya para la marcha, atendió a cada una de las personas que habían acudido a despedirlo. Cuando ya se marchaba, un empleado de aduanas se decidió, al ver el cariño de la gente que lo acompañaba, y se acercó para darle un abrazo de despedida.

El veinte de noviembre, abandonaba Nigeria. Había soportado, a sus setenta y cinco años un viaje agotador, con temperaturas elevadas y, sin embargo, llevó las molestias climáticas con su buen humor habitual y agradeció los detalles que todos tuvieron con él.

Ya en Lagos tendría una nueva tertulia en *Eko Meridien Hotel*, en Victoria Island, cenó con el Nuncio Apostólico y, el lunes veinte de noviembre, regresó feliz a Roma[42].

En septiembre de 1992 se celebró en Roma el Congreso General ordinario del Opus Dei, y entre sus conclusiones figuraba la de consolidar la labor en un buen número de naciones de Europa oriental, Asia y África, porque la actividad de la Obra siempre será formar a la gente para que cada uno trabaje, apostólicamente, con libertad y responsabilidad, en el sitio que le corresponda, en cualquier lugar del mundo.

---

[42].- Vid. Boletín de la Oficina para la Causa de los Santos. Prelatura del Opus Dei, España, n.46, mayo 2008, págs. 6-7 y J. Medina Bayo, "Álvaro del Portillo. Un hombre fiel", Ed. Rialp, Madrid, 2012, págs. 608-614.

SEGUNDA PARTE
EL HACER DE LAS MUJERES
EN LA R.D. DEL CONGO

Las pioneras que la hicieron posible

San Josemaría quería –sin precipitar las cosas– que las mujeres del Opus Dei fuesen, cuanto antes, a trabajar adonde ya habían hecho la primera labor de roturación los varones. Labor, casi siempre, ingrata. Consciente de la necesidad de que las mujeres estuvieran, ya en los comienzos, en un nuevo país, el Fundador estaba siempre pendiente de cuándo podrían trasladarse allí sus hijas. A veces la espera se contaba por meses y, a veces, por años[43].

Podía suceder –y de hecho sucedía– que se retrasase la partida de las mujeres de la Obra al destino donde ya se había comenzado, hasta que la primera etapa de roturación, siempre difícil, se hubiera realizado. El Padre solía entonces empujar, delicadamente, a sus hijos, pintándoles a grandes brochazos la ventaja que supondría la presencia de la Sección de mujeres, *"porque sin ellas las cosas van más lentas y peor"*[44]. Y, además, *"sin la Sección Femenina estaréis siempre mancos"*[45]. La verdad es que el traslado de las mujeres de la Obra a nuevos países no presentaba grandes problemas. Ellas también estaban acostumbradas a comenzar desde cero, desde la más absoluta pobreza, buscando un trabajo profesional con el que abrirse camino.

---

[43].- Vid. A. Vázquez de Prada, *"El Fundador del Opus Dei"*, tomo III, Ed. Rialp, Madrid, 2003, págs. 322-324.

[44].- Carta de san Josemaría a sus hijos de Colombia, en EF-520722-1.

[45].- Carta de san Josemaría a Teodoro Ruíz Jusué, Consiliario de Colombia, en EF-520814-4.

Lo que no era tan fácil de remediar era la desigualdad numérica entre hombres y mujeres. Para que todo funcionase, normalmente, era preciso que las actividades de hombres y mujeres estuvieran desarrolladas a la par. En algunos momentos, de la historia de la expansión de la Obra, esto llegó a preocuparle, pues, no disponía entonces del necesario número de mujeres, y las que, recientemente, habían llegado a la Obra, no estaban, suficientemente, formadas para marchar a otras tierras.

Esto en cuanto a las personas; pero ¿y los medios?[46] ¿Qué podía dar el Padre a quienes marchaban a otras naciones sino sus consejos y su bendición paterna? Así quería el Señor que comenzasen: faltos de todo. Es más, en ocasiones, el Padre se veía obligado a pedirles limosna a ellos, para acabar, entonces, las obras de la Sede Central, en Roma.

¿Qué les daba el Padre para su marcha desde Roma?: consejos muy acertados junto con su bendición, una imagen de la Virgen y un crucifijo. Sólo con la bendición y sin dinero alguno. César Ortiz-Echagüe Rubio cuenta que en la década de los cincuenta el Fundador, a los que marchaban, les decía: *"hijos míos, siento no poder daros ayuda material, pero os doy lo mejor que tengo, una cruz, una imagen de la Santísima Virgen y mi bendición de Padre"*[47].

---

[46].- Cfr. *"Camino"*, n. 470.

[47].- César Ortiz-Echagüe Rubio, PM, f.988v. Las cruces que se mencionan eran unas pequeñas cruces hechas con la madera de las vigas de la ermita de Molinovejo, primera casa de convivencias en Segovia (España).

Como ya he apuntado, los varones precedían siempre a las mujeres en el comienzo de la labor en un país. "A finales de 1979, Juan Masiá y Benito Badrinas viajarían al Zaire y a Costa de Marfil, por encargo de don Álvaro, para completar el estudio necesario para empezar en esas naciones"[48].

El veintisiete de septiembre de 1980, los primeros fieles varones, numerarios del Opus Dei, llegaron a Kinshasa, capital de la R.D. del Congo. Ya puse, de manifiesto, en el capítulo III, que Kinshasa no es una ciudad llena de color, su tierra no es rojiza sino negra. El único color que resalta es el blanco de la mandioca seca, la planta que constituye el alimento básico, en muchas partes del África Central; y los barreños de plástico, llenos de harina que venden las mujeres en cuclillas y tan relucientes, que las obligan a entrecerrar los ojos. También se apreciaban los tonos grises de la *Cité*, los interminables barrios populares de Kinshasa. Contemplaron la avenida Lubumbashi, un largo eje en el que confluyen numerosas callejuelas y callejones, descuidados y sin asfaltar, que, en la temporada de lluvias, forman charcos del tamaño de una piscina. Contemplaron grupos inmensos de niños, entre gritos de alegría y lloros… Todo ello formaba parte del pintoresco cuadro de la ciudad de Kinshasa que aparecía ante sus ojos. Eran los años ochenta.

Estaban en otro continente, en otro hemisferio, y tenían que empezar a aprender, sin embargo, notaron que África les hablaba, aunque no la entendían. Y su labor primera sería entenderla.

---

[48].- Cfr. S. Bernal, *"Recuerdo de Álvaro del Portillo. Prelado del Opus Dei"*, Ed. Rialp, Madrid, 1996, pág. 183.

En aquellas condiciones y, tras el asombro inicial, su pensamiento les recordaría que cada congoleño era hijo de Dios, un campo virgen en el que sembrar el mensaje del Opus Dei: "la santificación del trabajo ordinario". Y ello, respetando su identidad al tiempo que comenzaban su educación más elemental. Comprendieron entonces, con profundidad, las palabras de san Josemaría: debían "ser sembradores de paz y de alegría", en unas circunstancias políticas, económicas y vitales muy difíciles.

Las personas del Opus Dei que comenzaron a trabajar en Zaire, en la actualidad R.D. del Congo, no llevaron cosas materiales, sino un espíritu que mejoraría humana y cristianamente, a congoleñas y congoleños.

El quince de septiembre de 1982 llegaron al Zaire, hace 43 años, las primeras mujeres de la Obra, para sembrar el mensaje del Opus Dei en los corazones de tantas personas en aquel inmenso país. Eran cinco intrépidas numerarias de las que, tres de ellas continúan allí: Tita, Leti e Isabelle, procedentes de España, Portugal y Francia. A ellas se uniría, meses después, Mari Do (María Dolores).

Ahí va lo que me contaron de su trayectoria vital.

Tita Ortiz Casado. Española de ochenta años nacida en Badajoz. Conocí la Obra cuando estudiaba enfermería. Un día pregunté a mis amigas de la Escuela si conocían a un buen sacerdote para que fuera mi director espiritual y me llevaron a Montelar, un centro de mujeres del Opus Dei situado en Madrid. Allí conocí a don Federico Suárez, que, desde entonces sería mi director espiritual. Más tarde por mediación de aquellas compañeras comencé a asistir a medios de formación cristiana en la Residencia Universitaria Zurbarán en Madrid, primera residencia femenina de la Obra.

Aunque en algún momento pasó por mi cabeza la idea de entregarme a Dios, no duró mucho. Tenía muchos amigos y lo pasaba bien con ellos. Sin embargo, en mis visitas a Zurbarán, me llamó la atención la idea de santificarme con mi trabajo en medio del mundo y que, de esa forma, podía entregar mi vida a Dios sin recluirme en un convento. Me encantaba mi profesión. Además, me atraía el talante de la gente que frecuentaba Zurbarán, gente muy corrientita y bien arreglada, que no perdían el tiempo como lamentablemente, yo lo hacía. Su celo apostólico, su amabilidad y el amor a la libertad me fueron atrayendo cada vez más.

Tras algunos meses de formación, me decidí a ser de la Obra Y pedía la admisión en el Opus Dei, el treinta de mayo de 1964. Una de mis mejores amigas de la Escuela de Enfermeras, Maribel Fontán, había pedido la admisión hacía poco, lo que también me animó.

En septiembre de ese mismo año me incorporé al Centro de Estudios[49] de Alcor. Agradezco, con toda

---

[49].- Lugares en los que se imparte una formación cristiana más intensa a los fieles de la Obra.

mi alma, a mis padres, que sin conocer absolutamente nada de la Obra y a mis 20 años me dejaran seguir mi camino sin ponerme jamás el mínimo obstáculo.

Conocí a Josemaría Escrivá, en noviembre de 1964, con motivo de una reunión de la Asociación de Amigos de la Universidad de Navarra (Pamplona-España). En aquel momento realizaba estudios en filosofía y teología en el Centro de Estudios de Alcor (Madrid-España). Viajamos a Pamplona donde nos acogieron familias de esa ciudad y nos alojaron en sus casas. Estuvimos en la Santa Misa celebrada por el Padre en la catedral y, a pesar de la intensa lluvia, le seguimos en su recorrido por Pamplona.

No creo que mi estancia en Alcor durara ni un año, pues, en septiembre de 1965, ya estaba en Barcelona para trabajar en la formación de gente joven en Carena[50], entonces, en su sede de Pomaret 16. Estuve en Barcelona (España) esos primeros años de Carena. Creo que fue, en 1970, cuando marché a Rada, único centro de mujeres de la Obra que existía en Málaga (España). Allí hacíamos de todo: club juvenil, labor con universitarias y con señoras. Allí duré tres años, y de allí me trasladé a Granada (España) para comenzar el club juvenil Alama. Fue una experiencia preciosa: los comienzos de una labor con ayuda de mucha gente de la Obra. Recuerdo, especialmente, a Consuelo Pérez de la Blanca, una supernumeraria, muy generosa, que fue para mí, como una madre, dada mi inexperiencia al ser designada, por primera vez, directora de un centro.

---

[50].- Centro de formación humana y espiritual para jóvenes en Barcelona.

Mi estancia en Granada (España) duró tres años y volví a Rada, en Málaga (España), otros tres. Todo el tiempo que viví en Málaga trabajé como enfermera, primero con un cirujano y, más tarde, en una clínica privada y en el Seguro de Enfermedad. De allí de nuevo a Granada donde yo empecé a encargarme, en esa Delegación de la Obra[51], de las numerarias y agregadas.

El dieciocho de marzo de 1982, Mari Tere Martín, directora de la Delegación de Granada me preguntó, de parte del Padre, don Álvaro, en ese momento, si estaba dispuesta a comenzar el trabajo de la Obra en el Zaire. Le dije que estaba dispuesta a ir donde el Padre me necesitara, me contestó que lo pensara en la oración y le escribiera con mi decisión libre.

Sabía que se trataba de ir a África, pero muy ignorante, confieso que tuve que mirar el mapa para saber exactamente dónde estaba el Zaire. Escribí, creo que ese mismo día, al Padre. Desde ese momento comencé a refrescar el francés, que había estudiado en el colegio, y que ya tenía en los talones. Así mismo, recogí todo lo que pudiera sernos útil para empezar en un nuevo país. Es impresionante ver la generosidad de tanta gente que me daba todo tipo de cosas que

---

[51].- En el gobierno del Opus Dei, el prelado cuenta con la colaboración de un consejo de mujeres, la Asesoría central, y otro de hombres, el Consejo general. Ambos con sede en Roma. Además, puesto que la prelatura se distribuye en áreas o territorios llamados regiones, al frente de cada región –cuyo ámbito puede o no coincidir con un país– hay un vicario regional, con sus consejos: Asesoría regional para las mujeres y Comisión regional para los hombres. Las regiones pueden subdividirse en Delegaciones por ámbitos geográficos o municipios, en función de su tamaño poblacional. Son dirigidas por un vicario local.

pudieran serme útiles. Nunca se lo agradeceré bastante. En agosto realice un curso de formación en Couvrelles (Francia), donde conocí a Isabelle Barbarin que me acompañaría en la aventura. Me ayudó a familiarizarme, de nuevo, con el francés. Diré que, como buena francesa, no me pasaba ni una en el reencuentro con el idioma.

En septiembre, fuimos a Roma, a una convivencia, llenas de ilusión, y con la idea de estar con el Padre. ¡Nuestro gozo en un pozo!, el Padre estaba fuera de Roma y no pudimos verle. Las directoras de la Asesoría Central volcaron su cariño con nosotras. En Villa Sacchetti conocimos a Mari Doque, meses después, vendría a vivir con nosotras al Zaire. Don Álvaro tuvo la generosidad de mandárnosla enseguida para reforzar nuestro equipo de trabajo[52].

Celeste Martins Murao (Leti). Nació en Portugal, coetánea de Tita. Estudió ciencias exactas y matemáticas en la universidad portuguesa.

La labor de la Obra en su patria se inició, en el verano de 1944, cuando tres miembros del Opus Dei marcharon a la Universidad de Coímbra para ampliar estudios. Llevaban en sus maletas, además de montones de libros, la ilusión de Josemaría Escrivá por extender la Obra en Portugal. El Padre se desplazó a Portugal en febrero de 1945, acompañado de don Álvaro. Se hospedaron en el Palacio Episcopal de Tuy,

---

[52].- María Dolores Mazuecos, vivía y trabajaba en la administración de Villa Sacchetti (Sede central de la Sección de mujeres del Opus Dei), en Roma, y poco tiempo después, se uniría a este grupo de pioneras para impulsar la labor apostólica en Zaire.

invitados por su obispo, Fray José López Ortiz, cuya amistad venía de lejos. Fue un hombro en el que Josemaría Escrivá se apoyó en momentos difíciles de la historia de la Obra.

En aquel viaje san Josemaría fue recibido por los obispos de Leíria y Coímbra que, junto con el Patriarca de Lisboa, le aconsejaron que el Opus Dei comenzara su labor en la Ciudad Universitaria de Coímbra. También mantuvo una primera entrevista con Sor Lúcia, la única superviviente de los tres pastorcillos a los que se apareció, en la *Cova de Iría,* la Virgen de Fátima.

Tras la muerte del Fundador, sor Lúcia escribirá: "todas cuantas veces he hablado con Mons. Escrivá he sacado la impresión de que era un alma llena de amor de Dios y de amor a Nuestra Señora, a la Santa Iglesia, al Santo Padre y a las almas, que trataba de salvar a todos con todos cuantos medios disponía. Espero que, en el Cielo, cerca de Dios y de la Virgen, se acuerde de mí"[53].

Josemaría Escrivá haría frecuentes viajes a Portugal, y siempre recalaría en la *"Capelinha"* de Fátima.

El primer miembro de la Obra que llega a Portugal, para establecerse allí, fue Paco Martínez[54], que, desde el cinco de febrero de 1946 residiría en Mondego (cuidad portuguesa). El veinte de abril del mismo año, llegarían dos miembros más. En marzo de

---

[53].- RHF 20158, pág.403.
[54].- Testimonio de S.E.R Monseñor José López Ortiz, RHF 3870.

1948 ya vivirán en Oporto un grupo de miembros de la Obra.

De Oporto será también la primera vocación portuguesa de mujeres del Opus Dei: María Sofía Pacheco. En mayo de 1949, Encarnita Ortega marcha por primera vez a Portugal, pasado algún tiempo, regresará a Madrid con varias cartas solicitando la admisión a la Obra de algunas jóvenes portuguesas. En el otoño de ese mismo año María Sofía Pacheco viaja a España y hablará largamente con el Fundador.

Josemaría Escrivá pisará, por última vez, suelo portugués en 1972. El dos de noviembre de ese año, acudió a rezar, como era su costumbre, ante la Virgen de Fátima. Dejó escrito a sus hijas e hijos portugueses lo siguiente: *"Vale la pena. Una vida es muy poco. ¡Cien vidas es muy poco! Vale la pena"*[55].

En aquel viaje de 1972 Leti conocería al Fundador del Opus Dei. Había conocido la Obra a través de la hija de una supernumeraria, que era cliente de una tía suya: "Un día, me invitó a una clase de decoración de Navidad que organizaba la residencia de la Carvalhosa… esta chica, que no era de la Obra, también me animó a asistir a una meditación… Y así, poco a poco, descubrí lo que era el Opus Dei. Me llamó la atención la alegría de las personas de la Obra y oír hablar de la santificación de la vida ordinaria. De hecho, creo que fue eso lo que me conquistó. Enseguida pensé que aquello era para mí, que era lo que yo estaba buscando".

---

[55].- Vid. A. Sastre *"Tiempo de Caminar"*, Ed. Rialp, Madrid, 1989, págs. 363-369.

En 1982, antes de marchar al entonces llamado Zaire, participé en trabajos de formación y gobierno en algunos centros de la Obra, como son: la administración de *Enxomil*, la primera casa de retiros en Portugal y en un centro de agregadas en Porto (Portugal), antigua ciudad portuguesa, situada en la rivera derecha del río Duero, en su desembocadura en el Océano Atlántico. Es famosa, mundialmente, por sus vinos el "*Porto*".

Desde mi llegada al Zaire en 1982, trabajé como profesora de matemáticas en el *Colegio Portugués*, con la finalidad de ayudar, económicamente, a las que empezábamos la labor en el país. Con el tiempo, colaboré en la gestión de los centros de Opus Dei que iban naciendo. He tenido la suerte de abrir las puertas de la primera sede del *Centro Cultural y Universitario Tangwa*. Colaboré en la apertura de la primera escuela hotelera. Contribuí a la puesta en marcha de la administración de la casa de retiros, Lukunga, lo que nos permitió agrandar la Escuela Hotelera.

En 2010, viajé a Lubumbashi, la segunda mayor ciudad de la R. D. del Congo, a más de 1.500 Km de Kinshasa. Hoy, son los dos polos de irradiación de la labor de la Obra en el país. Es la capital de la provincia del Alto Katanga y la principal ciudad del sureste del país. Me acompañaban dos numerarias congoleñas y nuestra misión era la de abrir el primer centro de la Obra en Lubumbashi. En la actualidad es Jaharí, una residencia universitaria.

Trabajé más tarde en la puesta en marcha del Liceo Liziba del que fui directora. Se trata del comienzo de una obra corporativa del Opus Dei. En la actualidad, sigo allí como profesora y coordinadora de actividades orientadoras.

Isabelle Barbarin. Ciudadana francesa, nacida en Rabat (Marruecos), en 1956.

Mi familia vivía en Joinville le Pont, cuando oí hablar, por primera vez, del Opus Dei. La labor de la Obra en París comenzó en octubre de 1947. Se retrasó debido al estallido de la guerra civil española. Sin embargo, ni las oraciones y la mortificación del Fundador por el apostolado en Francia quedaron interrumpidas. A París, llevaron como reliquia un trozo del sudario de Isidoro Zorzano[56], que, el Padre les entregó para que encomendaran a su intercesión aquella aventura apostólica[57].

Una cooperadora y amiga de la familia se enteró de que se iba a celebrar un encuentro francoalemán en Couvrelles, durante las vacaciones de Semana Santa de 1970, y les dijo a mis padres si alguno de los niños (éramos 11) estaba interesado. Yo tenía 14 años y medio y estudiaba alemán, como segunda lengua, y me encantó poder participar.

Nadie en la familia conocía el Opus Dei. En

---

[56].- La Causa de canonización de Isidoro Zorzano se inició, en Madrid, en 1948. El treinta y uno de diciembre de 2016, el Santo Padre, Francisco, ha declarado la heroicidad de sus virtudes. Sus restos reposan en la Parroquia de San Alberto Magno de la capital de España.

[57].- Vid. Andrés Vázquez de Prada, *"El Fundador del Opus Dei"*, tomo III, Ed. Rialp, Madrid, 1997, pág. 180-181.

Couvrelles, el ambiente era muy alegre y deportivo, y, al mismo tiempo, contábamos con unos medios de formación espiritual que me conmovieron por su cercanía a la vida cotidiana de una joven colegiala. *"Una hora de estudio para un apóstol moderno es una hora de oración"*.

Después de este encuentro, comencé a participar en los medios de formación de la residencia de estudiantes Rouvray, que era, a la vez, sede de la Asesoría regional. Allí tuvimos el círculo, la meditación y la bendición con el Santísimo.

Mis padres no entendían muy bien por qué iba todos los sábados por la tarde a Neuilly (ciudad del área metropolitana de París, a hora y media de viaje), pero no se oponían. Se daban cuenta de que me ayudaba a mejorar mi carácter y mis estudios.

Una de las cosas que más me emocionaron, cuando conocí el Opus Dei, fueron el ambiente alegre y acogedor de los centros, la atención a cada persona y el cuidado constante y, perseverante, que su gente tenía conmigo.

En diciembre de 1970 fui, a esquiar con un grupo de Rouvray. Disfrutamos haciendo mucho esquí, pero no entendíamos muy bien, la necesidad de ir, a diario, andando al pueblo cercano para asistir a Misa, sin embargo, íbamos.

De vuelta a París, continué asistiendo a los cursos de formación y, en Semana Santa, participé en lo que sería, con el tiempo, el UNIV[58]. Me emocionó mucho poder conocer Roma y ver al Papa.

Tuvimos una reunión con el Fundador del Opus Dei, y, la única pregunta que quería hacerle fue cómo saber si tienes vocación. Una joven portuguesa, que también estaba en la reunión, se adelantó, y la respuesta de nuestro Padre fue: "¿Tienes miedo?... eso es buena señal" Me sentí, a la vez, enfadada por una respuesta que no especificaba nada, pero al mismo tiempo muy conmovida, porque me di cuenta de que realmente tenía miedo.

Ya en París, intenté vivir el plan de vida que me habían enseñado y pude comprobar que me estaba ayudando... Dios entraba en mi alma. En diciembre, de nuevo un viaje de esquí, y lo único que me interesaba era hablar, o más bien escuchar, a mi amiga Sabine Michel, la numeraria que nos acompañaba. Mis temores fueron creciendo, de hecho, hablé poco, pero escuché mucho. El miedo al compromiso se iba apoderado de mí.

Volví al colegio y, finalmente, el veintidós de enero de 1972 decidí pedir la admisión como numeraria del Opus Dei. ¡¡De hecho ni siquiera sabía que había otras posibilidades!!, pero estaba claro que Dios me lo pedía absolutamente todo. No tenía ninguna duda.

Continué mis estudios, aprobé el bachillerato y comencé la carrera de Derecho. Al finalizar mi segun-

---

[58].- Encuentros anuales de universitarios, celebrados en Roma, durante la Semana Santa, promovidos por Josemaría Escrivá desde 1968.

do año en la facultad, pude compatibilizar mis estudios universitarios con mi incorporación al Centro de Estudios de la Obra en París, al tiempo que me ocupaba de un club juvenil. Más tarde, de 1977 a 1982, marché a Marsella para hacerme cargo, de nuevo, de la labor con gente joven, donde disfrutaba enormemente. Al tiempo, continué mis estudios para terminarlos doctorándome en Derecho Internacional.

En 1982, don Álvaro me preguntó si quería ir a iniciar la Obra en Zaire. Le dije que sí, sin dudarlo, aunque me pidió que lo pensara detenidamente. Tenía claro que serviría a Dios en la Obra allí donde me lo pidieran.

En la reunión preparatoria que tuvimos en Roma, en la segunda semana de septiembre de aquel año, pudimos palpar el cariño y la atención que todos nos transmitieron.

Nos dieron indicaciones prácticas y muchos detalles de afecto. El último consejo que recibí en la puerta de Villa Saccheti, el 15 de septiembre de 1982, fue que cuidara las normas de piedad. Consejo que nunca he olvidado.

Durante los primeros meses en Zaire, sentimos muy fuerte la cercanía del Padre, a pesar de que en aquella época no había teléfono móvil ni WhatsApp... nos sentíamos rodeadas por las oraciones de miles de personas de la Obra en todo el mundo. La primera carta que recibimos fue de una de mis hermanas, monja, que nos enviaba todo su afecto y nos recomendaba que nos cuidáramos mucho y estuviéramos muy unidas. Nos conmovió, pues, coincidía con el mensaje recibido durante nuestra última estancia en Roma.

Nada más llegar a Zaire, las que aún no teníamos trabajo emprendimos la búsqueda y pronto lo encontramos. La santificación del trabajo en suelo zaireño podría comenzar.

El ejemplo de las vivencias más hondas vividas por las personas que me precedieron en los comienzos de las labores en otros países siempre han supuesto para mí, hitos que me marcaron el camino. Desde la R.D. del Congo siento su apoyo real, que me ayuda a vivir la comunión de los santos y a rezar por los distintos países en los que se comienza, consciente de las dificultades que, de seguro, encontrarán.

María Dolores Mazuecos (Mari Do). Nació en junio de 1944, en Loja, Granada (España).

Conocí la Obra en Granada, cuando cursaba el primer año de Medicina. Una hermana más pequeña, estudiante de secundaria, me habló de *Alsajara*, un centro de la Obra, al que ella había acudido con una amiga. Le había gustado mucho el ambiente de la casa y había comenzado a participar en una clase de formación cristiana. Le pregunté si había también chicas universitarias y ante su respuesta afirmativa le pedí la dirección y me presenté en la casa sin previo aviso.

Yo quería ser una buena cristiana. A la persona que me abrió la puerta le dije que era la hermana de Nieves y que quería participar en un círculo (así se refirió mi hermana a la clase a la que ella asistía). Me atendió, amablemente, y me hizo pasar a una salita, donde me explicó en qué consistían los círculos de formación y me informó que esa semana iba a comenzar uno, con estudiantes de otras facultades. Y así fue. En el círculo éramos seis o siete. Me impresionó un comentario que hizo la persona que lo impartía. Dijo más o menos que si éramos constantes y poníamos en práctica las ideas y consejos recibidos, al final del año académico nuestra formación habría mejorado en todos los campos. La idea me entusiasmó.

Llamó mi atención, tanto el lenguaje que se usaba en los medios de formación como el ambiente de la casa, era para estudiantes jóvenes, que nos preparábamos para la vida, con ganas de divertirnos, de salir de vinos en pandilla, en un ambiente sano y respetuoso (en esos tiempos los chicos nos trataban con guante blanco). En fin, pensé que había encontrado lo que andaba buscando: ser una mujer como Dios manda, buen médico, buena madre de familia, buena persona y, lo mejor, llegaría a ser santa en la vida ordinaria.

Me atrajo también, la confianza y el sentido de la responsabilidad de las mujeres del Opus Dei que vivían allí. No sé cómo, pero pronto se conoció mi afición y cualidades para las tareas manuales y me dieron responsabilidades en algunos trabajos, tales como el planchero y la pintura de una parte de la casa. Le verdad es que ya sentía la casa como mía. Sin embrago, en aquellos momentos, no me pasó, por la cabeza, la idea de una posible vocación al Opus Dei, y mucho menos, dejar de lado al noviete de la infancia, con el que pensaba formaría una familia.

Meses después participé en un retiro espiritual, de varios días, en el que yo solita me planteé que, quizás, Dios quería que fuera numeraria del Opus Dei, con todo lo que eso significaba. Me presenté en el centro, sin previo aviso, pidiendo algunas explicaciones. Me explicaron lo esencial, pienso que para comprobar si me daba cuenta de lo que me estaba planteando. El diecinueve de marzo, fiesta de San José, de 1965, pedí la admisión en el Opus Dei como numeraria.

Conocí a san Josemaría en 1967, en Pamplona, durante la Asamblea de Amigos de la Universidad de Navarra, que tuvo lugar el siete de octubre. Me había trasladado allí para terminar los tres últimos años de la licenciatura en medicina. Tuve la ocasión de oírle predicar, en la Santa Misa, la programática homilía "Amar al mundo apasionadamente" que recoge una síntesis de lo que debe ser la santificación de la vida ordinaria de un cristiano corriente.

Durante mis años en Pamplona, además de estudiar medicina, trabajé en la dirección de un centro, semejante a *Alsajara*, el centro granadino donde comenzó mi historia, al que acudían universitarias para mejorar su formación académica, humana y cristiana con actividades diversas, como es tradición en el Opus Dei.

En 1971 realicé un máster en Ciencias de la Educación en Castelgandolfo (Italia) y cuando terminé fijé mi residencia en Roma. Donde permanecí hasta febrero de 1983. En esos años romanos tuve el privilegio –una gran gracia de Dios– de trabajar cerca de san Josemaría, bebiendo de la misma "fuente", el espíritu del Opus Dei.

En 1982 se preparaban las primeras mujeres del Opus Dei que irían al Zaire. Salieron de Roma el quince de septiembre. Días después el Padre me propuso unirme al grupo. Más tarde, y con el fin, de un mínimo reciclaje, realicé un curso de medicina tropical. Llegué a Kinshasa el 26 de febrero de 1983 y allí sigo.

Respetando la personalidad, carácter, idiosincrasia y, sobre todo, la libertad de cada una de las protagonistas, quedan, por escrito, los relatos de lo que me contaron: las vivencias de su vida ordinaria, cara a Dios, en el Congo.

El primer viaje

En 1989, durante un viaje de catequesis al país, el beato Álvaro del Portillo comentó: Cuando mandé al Zaire el primer grupito de hombres y mujeres del Opus Dei, soñaba con cosas muy grandes. Al veros, y saber que hay otros muchos que hubieran deseado venir y no les ha resultado posible, veo que los sueños se han quedado cortos. Sin embargo, sigo soñando. Estoy seguro de que el Espíritu Santo hablará en vuestras almas y os pedirá más entrega, más amor a Dios y más amor a vuestra tierra. Aprenderéis mucho del Espíritu Santo; lo mismo que estoy aprendiendo mucho de vosotras, gracias al Espíritu Santo. Estoy aprendiendo de vuestra generosidad, de vuestra alegría y de tantas otras virtudes que tenéis[59].

Y casi cuarenta años después de aquellas palabras, el 17 de septiembre de 2017 en el cuarto de estar de Lukunga, la única casa de retiros del Opus Dei en Kinshasa, un pequeño grupo de mujeres se reunió para celebrar el 35 aniversario de la llegada de las primeras del Opus Deis al país. En aquella reunión, Tita, Leti, Isabelle y Mari Do contaron cómo fueron esos momentos[60]. Las personas que estuvieron allí

---

[59].- Palabras del beato Álvaro del Portillo en su viaje de catequesis a Zaire en 1989.

[60].- El 17 septiembre de 2017, 35 aniversario de la llegada de las mujeres del Opus Dei a Congo, en una reunión de familia, Tita, Leti, Isabelle y Mari Do nos contaron cómo fueron sus comienzos.

cuentan que es muy emocionante ver en esta reunión de familia los frutos de estos 35 años de entrega.

Isabelle recordaba en aquella reunión, una cosa, muy importante para ellas, y cuenta, que "no pudimos ver al Padre durante la convivencia que tuvimos en Roma[61] antes de nuestra marcha a Congo. Y eso nos costó bastante".

El 14 de septiembre de 1982, sigue explicando, tuvimos la bendición con la reliquia del *Lignun Crucis*[62] y al día siguiente por la mañana viajaríamos. ¡Menuda odisea para cerrar las maletas y preparar toda clase de bultos! En ellas queríamos meter todas las cosas ricas que la administración nos había preparado, pero que, por desgracia, las tuvimos que dejar por exceso de peso. Y en Roma se quedaron junto al jamón, un montón de cosas buenas.

Antes de dirigirnos al aeropuerto asistimos a Misa en la Cripta[63] de Villa Tevere, muy prontito. Mari también estuvo con nosotras en la Misa y para despedirnos. Y aunque en ese momento ella no lo sabía, pronto la volveríamos a ver, pero esta vez en el Congo.

Tras la Misa, dijimos adiós a todas. Cada una de las que estaban con nosotras nos dio un consejo, una

---

[61].- El Padre, entonces, el beato Álvaro del Portillo, siguiendo el ejemplo de san Josemaría, reunía en Roma durante unos días, a las personas que viajarían para comenzar la labor apostólica estable del Opus Dei en algún país.

[62].- Reliquia del madero de la Cruz del Señor.

[63].- Donde reposan, actualmente, los restos mortales del beato Álvaro del Portillo y de don Javier Echevarría.

recomendación y nos fuimos en un minibús rumbo al aeropuerto. A Isabelle, por ejemplo, que es francesa, le recordaron que hablara "despacito".

En el aeropuerto había mucho lío y nosotras teníamos bastante equipaje. Primero nos habían dicho que cogeríamos el vuelo el 14 por la noche, después que el 15 por la mañana, y al final, el mismo día, lo cambiaron para mucho más tarde. De hecho, por aquel entonces, al vuelo Roma-Kinshasa, se le llamaba el vuelo fantasma.

El tiempo pasaba muy despacio. Hicimos la oración, rezamos el Rosario, llamamos varias veces por teléfono para decir que seguíamos en el aeropuerto esperando. Y llegó un momento en el que como ya no sabíamos que más hacer, nos pusimos a comer unos dulces que traíamos. Unas, decían que no podían comer, otras, sin embargo, lo hacían el doble porque decían que no se sabían lo que podría pasar después. Sobre todo, Leti, que, además, nos confesó que, si perdía el apetito, debíamos saber que era señal de que podría estar muy enferma. En fin, las cosas de la vida ordinaria.

Empezamos a coger la caja de dulces, que habíamos reservado para nuestra llegada al Congo. Pero…, al final nos la terminamos.

Nos enteramos de que nuestro avión estaba bloqueado en Bélgica pero que llegaría. Finalmente, así fue y embarcamos a las cinco de la tarde. Había muchísima gente con un montón de bultos. Y la verdad es que la vergüenza de ir tan cargadas se nos quitó enseguida viendo el panorama. Porque cada persona que viajaba llevaba un paquete en un brazo y cuatro en el otro.

Para Leti, como rememoró en esa reunión en Lukunga, fue la primera vez que vio gente, y no se le olvidaría nunca, con bolsas de basura enormes llenas hasta arriba de zapatos y de aparatos de radio enormes. Daba la impresión de que se te iban a caer encima. Y ella, ignorante en este tipo de viajes, como confesó, observó, a través de las puertas de cristal, que todo el mundo comenzó a correr como si perdiéramos el avión. Y nosotras, imitando a los demás, nos pusimos a correr. Después supimos, que, en esa época, *Aerolíneas Peut-être*[64], como la llamaban entonces, vendía más billetes que plazas. Así que, en cuanto el avión estaba lleno cerraba las puertas y te quedabas en tierra. Hicimos muy bien en correr. Aunque un saco lleno de libros que llevábamos se rompió provocando un gran espectáculo.

Aún con todo, conseguimos entrar en el avión, explica Isabelle, que acababa de operarse de la rodilla y tenía que estar con la pierna estirada durante el viaje. Pudimos instalarnos y tuvimos un buen viaje, en el que incluso dormimos un poco. En él, nos impresionaron los uniformes de las azafatas, que vestían con trajes de tela de leopardo. Y llegamos a Kinshasa a las 23:55. En plena época de gobierno del presidente Mobutu.

---

[64]. – "Peut-être" expresión jocosa para aludir a la habitual irregularidad, en la salida, de los vuelos de la aerolínea.

Los inicios de la labor[65]

Eran las 23:55. El avión toca pista. Hemos llegado a Kinshasa y, de ahora en adelante, el 15 de septiembre de 1982 será la fecha de la llegada de las mujeres del Opus Dei a la R.D. del Congo.

Fuera nos espera una gran aventura, pero de momento, intentamos hacernos hueco entre la multitud y localizar los innumerables paquetes y bultos con los que hemos venido.

La "homogeneidad" de pasajeros es remarcable, todos, y nosotras no somos excepción, cargados de equipaje hasta los topes, auténticos 'Reyes Magos' con paquetes de formas de lo más variadas; gente que tropieza con los bultos de unos y otros. Queremos salir del avión a toda prisa y nos precipitamos hacia la salida.

Lo primero que nos llama la atención es la talla de las mujeres africanas. Nosotras éramos jóvenes, la media de edad entre nosotras era de 30 años, y tres de las cinco, pequeñas de estatura. Pero según esta nueva escala, las "grandes", se convierten, simplemente en medianas.

Una vez fuera, una ola de calor nos invade. Una verdadera inmersión dentro de una sopa templada: el

---

[65].- Capítulo redactado a partir de las notas recogidas por Leti, una de cinco primeras personas del Opus Dei que llegaron a la R.D. del Congo para empezar la labor apostólica con mujeres en 1982.

aire es pegadizo, pesado y caliente. Por dentro, cada una vive momentos muy intensos, emociones, nuevas sensaciones; es como atravesar una puerta para salir hacia un nuevo universo, una nueva dimensión, otros parámetros… Venimos para quedarnos y desde este momento "estamos en casa".

Al final de la escalerilla del avión, un congolés, joven, que pertenece a la agencia de viajes, sostiene una pequeña pancarta "Tita Ortiz Casado". Después de algunas explicaciones, lo seguimos hasta una especie de bar lleno de gente. El abbé[66] Hervás, el Vicario[67] del Opus Dei en el Congo, junto con otra persona nos acompaña hasta una de las mesas. Nos pregunta sobre el viaje. Estamos cansadas y muy contentas. Los trámites para salir del aeropuerto son algo complicados… Todo termina bien y finalmente salimos en el minibús de la agencia, precedidas por el coche del Vicario.

Nos acoge una ciudad alegre. Atravesamos un barrio lleno de gente, ¡cuántas veces vamos a cruzar esta "China popular!", pero ahora, todo es nuevo a nuestros ojos; calles iluminadas por velas tintineantes y otras, completamente oscuras, en las que la única luz que nos llega es la de nuestros faros.

Llegamos a casa, un tercer piso en el Boulevard Trente Juin, que tiene el ascensor estropeado y que parece de cristal. El salón tiene dos grandes cristaleras

---

[66].- Es la manera de llamar a los sacerdotes seculares en francés.

[67].- El abbé Hervás fue el Vicario regional del Opus Dei en Zaire (R.D. del Congo) desde 1980 hasta 2007. Murió seis años después en Kinshasa, el 26 de abril de 2013.

y las habitaciones con ventanales altos también son de cristal. Tenemos la sensación de estar a la vista de todo el mundo, y es algo a lo que es difícil acostumbrase.

A pesar de la gran ayuda prestada por el Vicario, su acompañante y el portero, tenemos que cooperar y sacar fuerzas de donde no las hay para subir el equipaje y los innumerables bultos que traíamos… al final todo está en el piso.

El Vicario nos enseña la casa, ¿Y cómo es el piso? Un gran salón, que, para nuestra gran sorpresa, está enmoquetado. Al fondo, una chimenea, ¿quién lo podría imaginar? Y en el borde, una imagen de la Virgen negra con el Niño. Es una imagen de unos 30 cm con el Niño sentado sobre las rodillas de la Virgen[68]. ¡Cuántas miradas de cariño y peticiones ha recibido esa imagen! Ella nunca nos ha dejado.

La casa está limpia y ordenada. Al lado de la imagen de la Virgen un jarroncito de flores a su lado y otro sobre la mesa del salón. Han sido una agradable sorpresa. Son pequeños detalles de familia que nos hacen exclamar: ¡Qué bien se está en casa! Además, hay un frigorífico, que, aunque pequeño está lleno. Y en ese momento, la preocupación que Isabelle mostraba en el aeropuerto y su espíritu práctico de "comamos bien ahora, porque no sabemos cuándo vamos a volver a hacerlo" se desvanece.

En cada habitación hay una cama, una silla y una mesa. Todo bien distribuido. Y, además, unas

---

[68]. – Ver galería fotográfica.

sábanas dobladas encima de la cama. La emoción es inmensa. ¡Por fin en casa y en el Congo! Las dificultades no faltarán, pero no estábamos solas. Nuestros hermanos del Opus Dei habían abierto el camino y esta casa era la materialización de su gran apoyo inicial.

Después de ponernos de acuerdo en lo esencial para el día siguiente, el Vicario se va y nos organizamos un poco. Lo primero que hacemos es recitar un *Te Deum*[69] delante de la Virgen Negra. Era ya 16 de septiembre. Después, las conocedoras de África, una vez comprobado que salía agua del grifo, nos aconsejaron aprovechar la coyuntura, ya que no se sabía que podría pasar mañana. Y de hecho, efectivamente, al día siguiente no había agua y tuvimos que salir al patio para llenar algunos cubos y subirlos al tercer piso.

Nos quedaríamos en ese apartamento hasta el cuatro de noviembre, después de vivir muchas "novedades".

---

[69].- Oración de acción de gracias, en latín, de la Iglesia Católica.

La casa de cristal[70]

Nuestros primeros pasos en Kinshasa fueron, en el sentido más estricto de la palabra, "pasos". Caminamos mucho por sus calles sin aceras y arenosas. Empezamos a hacer gestiones para encontrar trabajo y conseguir un coche que nos ayudara hacer la compra diaria, acudir a la Santa Misa etc.

Isabelle, con su sentido práctico y ahorrador, empezó, rápidamente, a comprar en la calle. Cada vez nos sorprendía con algo nuevo. Unas veces traía frutas, otras, verduras, etc. También se inventó los utensilios de cocina que faltaban, con los que nos preparaba unos yogures buenísimos.

El ascensor, estropeado y cuya reparación se hizo eterna, nos ayudó a mantener el aire deportivo. Nos acostumbramos a las constantes llamadas a la puerta. Venían las *mamás* con frutas o verduras para vender y también los *papás*[71], que vendían artículos decorativos. También recibimos al responsable de la reparación del ascensor, un español, que más tarde, en alguna ocasión vino para pedirnos consejos.

Todas teníamos ideas y queríamos colaborar, así que, la cocina, se convirtió en una enorme caja de

---

[70].- Recuerdos de Leti.

[71].- En la R.D. del Congo se llama mamá a toda mujer casada o de una cierta edad. Y lo mismo pasa con los hombres a los que se les llama papá.

sorpresas, sobre los conocimientos y gustos culinarios de cada una. Y en las compras no siempre tuvimos éxito, lo que nos hizo cambiar nuestra forma de cocinar. Y así, por ejemplo, la carne, a pesar del tiempo cocción recomendado, nos salía dura.

Por otro, nos encantaba ir abriendo los paquetes que habían llegado antes que nosotras, y así, poco a poco, fuimos perdiendo la sensación de estar "de acampada" en casa. Y una de las primeras cosas a rescatar, fue la guitarra. ¡Lo que cantamos juntas en las reuniones de familia!; *Bolivia vengo bajando* fue la canción más cantada, y, de alguna manera, se convirtió en la canción favorita. Y así hasta hoy.

Cada día suponía una verdadera aventura: limpiar la alfombra con un cepillo, ya que no había ninguna aspiradora en todo Kinshasa; hacer una limpieza a fondo en la cocina, sin contar con agua y subirla a cubos hasta el tercer piso. Los pequeños tropiezos de la vida ordinaria.

Pero, en el mar que es la memoria, emergen algunos recuerdos; islas de contornos muy nítidos... El día 16 a las seis de la tarde tendríamos la primera meditación seguida de la primera Misa en el Congo. Preparamos todo en una habitación con las paredes cubiertas de madera. Y utilizamos las sillas del comedor y la mesa de una de las habitaciones como altar. El retablo era una pintura muy pequeña de la Virgen con el Niño que luego enmarcamos para darle más valor[72].

La primera meditación se quedó fuertemente

---
[72].- Ver galería fotográfica.

grabada en nuestra memoria. Y aunque ninguna tomó notas, todas nos acordamos, ¿quién la olvidaría? Las ideas principales giraron en torno a la protección de san Josemaría, nuestro Padre como familiarmente se le llama en el Opus Dei. Lo sentiríamos muy cerca. Lo notábamos, en esos momentos, como algo físico. Estábamos muy unidas y procuraríamos querernos y ayudarnos cada una tal como éramos. Cómo olvidarlo, si la protección de nuestro Padre se hacía notar.

¡Cómo no olvidar también la primera carta del Padre![73] Qué alegría. Fue una mezcla de dulzura y dolor. Pensábamos en aquellos días que pasamos en Roma, justo antes de nuestra venida, cuando esperábamos ver al Padre, estar con él, escuchar sus palabras llenas de sencillez y directas al corazón. Sin embargo, no llegó a tiempo y salimos de Roma sin poder verlo. Ahora, contentas, nos escribió para alentarnos y recordarnos que la alegría tiene sus raíces en forma de cruz. Su carta fue una suave caricia y un fuerte estimulo. *In laetitia*[74], antes de grabar esas palabras en el cobre[75], en 1989, cuando don Álvaro nos visitó y nos hizo olvidar su ausencia en esos días de septiembre de 1982. Las grabamos en nuestros corazones. *In laetitia*, el Padre nos recordó el camino y se adelantó a todo lo que vendría más tarde. Su carta, sembrada en la memoria del corazón, nos apoyaría en estos momentos difíciles.

Esta mañana, 17 de noviembre de 1982, tam-

---

[73].- Las personas del Opus Dei, familiarmente, llaman Padre al prelado y nuestro Padre a san Josemaría.

[74].- In laetitia, en latín significa "con alegría".

[75].- Ver galería fotográfica.

bién quedará grabado en nuestra memoria. Porque además de contemplar las hermosas colinas de Kinshasa y el verdor de su naturaleza, hicimos la primera peregrinación en Congo. La hicimos bien unidas al Padre y le pedimos a Nuestra Señora que nos mirara con afecto. Estábamos seguras de que ella nunca nos dejaría de sonreír. La Virgen de Chestokowa, en la Misión Mater Dei, recibió, innumerables veces, entre cañas de bambú, nuestra visita, y fue para nosotras, desde entonces, un punto de referencia y de descanso.

Catherine fue la primera en visitarnos; su hermana, Jeanne, recién llegada, como nosotras, entendió a la perfección lo que supone hacerse a un nuevo escenario. Sin embargo, como ella decía, ¡yo por lo menos, soy congoleña! ¡Pero estoy tan acostumbrada a otro mundo! Era realmente otro mundo. El gran mercado de Kinshasa, por ejemplo, que descubrimos ese mismo domingo con Catherine así lo avala. En él, orugas de todos los colores y tamaños, especialmente las más gordas que eran blanquecinas y con un punto negro a modo de nariz; se movían en cestas planas de mimbre en las que incluso se podía escuchar el sonido de la seda durante sus contorsiones. También había monos ahumados, pinchados en palos, una imagen terrible que me causo muchísima impresión... Así como cocodrilos pequeños y no tan pequeños, serpientes, telas, barreños y todo lo que uno se pudiera imaginar propio de un gran mercado.

Agnès también vino a visitarnos un día. Es profesora en un conocido Liceo de Kinshasa; *"Les Loupiots"*; donde el abbé Aloja es profesor e imparte cursos de Religión y Moral.

Al poco tiempo de nuestra llegada descubrimos los taxis de seis, ocho y más… pasajeros. Así como los agujeros en la carretera. Experiencia que no se olvida.

Tras las gestiones por conseguir un vehículo, nos pudimos hacer con un Mazda 323 y con él la vida nos dio un giro de 180 grados. En las carreras a lo "Al Capone", detrás del coche del Vicario, aprendimos la ubicación de las tiendas que podrían interesarnos. Y descubrimos zonas previamente inaccesibles a nuestras dos piernas, lo que nos permitió conocer a muchas mujeres que vivían lejos de nuestro radio de acción. También vimos lo que pudo ser y fue de hecho, nuestra casa definitiva, Virunga, el primer centro del Opus Dei de mujeres en el país. Eran dos casas adosadas situadas al final de una ligera y suave pendiente con jardín. Nos gustaba muchísimo. Desde entonces, pasábamos por delante, y le pedíamos a nuestro Padre que arreglara las cosas para que algún día, pudiéramos comprarla. Pasaron años. Y el sueño se convirtió en realidad.

Sabíamos un francés rudimentario. La siguiente anécdota lo atestigua. Tita y Leti fueron a la casa de la señora Munongo en Mont Ngafula. Muy bien acogidas, se embarcaron en una explicación detallada de todo lo que venían a hacer por la mujer en el Congo. Y también le explicaron qué es el Opus Dei… Y ellas hablaban y hablaban… La señora Munongo escuchaba sonriendo, pero sin decir una palabra. La televisión estaba encendida y se estaba retransmitiendo un partido. Leti incluso, hizo un comentario sobre el partido, pensando en sacarle una palabra a la tan sonriente señora, pero nada. En un momento dado, alguien de la casa llamó a la señora que se levantó y se fue sin decir una palabra. Las dos nos miramos. Y tras su regreso, nos despedimos de la anfitriona.

A los dos días, la señora, le dijo a uno de los abbés, que habíamos ido a verla, pero que no había entendido nada de toda nuestra conversación. Ella pensó que teníamos que contar cosas muy interesantes, viendo la pasión y el esfuerzo que poníamos con nuestro francés. Pero que le había sido imposible seguir las explicaciones y dialogar con nosotras. ¡Lo que nos reímos cuando nos lo contaron! Pasado un tiempo, la visitamos de nuevo y le pudimos explicar nuestros planes y se mostró interesada. Su ayuda no duró mucho, ya que regresó a su querida Katanga. Muchos años después recibimos en nuestra casa a una de sus hijas, ahora una joven, que vino a inscribir a su hija en el club[76].

Hasta que lo aprendimos bien, nuestro francés nos jugó malas pasadas. Otra vez, por ejemplo, en una tienda de muebles y decoración, pedimos ver *poussins* –pollitos en francés–, cuando lo que queríamos decir era *coussins*: cojines. Estas cosas, sin embargo, nos estimulaban a seguir esforzándonos para aprender esta hermosa lengua llena de excepciones.

El mes de octubre pasó volando y poco después nos encontramos en plena mudanza a nuestra nueva casa, todavía en construcción… No era la definitiva, que tardaría en llegar, pero dejamos el apartamento y nos fuimos a vivir a una casa un poco

---

[76]. – Donde se organizan cursos de formación humana y actividades para niñas.

más grande donde tendríamos espacio para organizar actividades de formación[77] con mucha gente.

Hicimos nuestros primeros contactos al ritmo tropical de Kinshasa y aprendimos las primeras lecciones de esta virtud tan necesaria aquí; la paciencia.

Paralelamente a los trámites de la casa, hicimos los del R5, un coche ofrecido por el Padre y que la casa Renault tardaba en hacernos llegar.

Pero de la casa en la que estábamos teníamos claro que queríamos irnos como fuera. Y así lo hicimos. Aunque los últimos días en el apartamento los vivimos como si estuviéramos en un verdadero camping: los grandes baúles que habíamos recibido servían de mesa y la moqueta, de sofá. Finalmente, el día señalado para el traslado, el Mazda empezó sus idas y venidas ajustándose a su nueva función de camión de mudanzas. Sin embargo, el verdadero camión que habíamos contratado para transportar la nevera y la cocina debía llegar esa mañana y por esa razón habíamos sacado todo a la calle. El día pasó y se hizo de noche, pero el camión no apareció. Y, además, comenzó a llover. ¡Cuánto nos acordamos de ese artilugio llamado teléfono!

Teníamos que irnos a la nueva casa y nuestras cosas se quedaron al aire libre bajo la protección de un guardia. Confiamos en él y este no nos falló. El incidente nos hizo pensar mucho, porque todo el mundo nos dijo que habíamos sido imprudentes, que

---

[77].- Actividades de formación humana y espiritual para mujeres de diferentes edades.

nos lo podían haber robado todo. Sin embargo, muchos otros "imposibles" e "imprudencias" íbamos a vivir para hacer el Opus Dei. Nuestro Padre siempre estaría a nuestro lado.

1983: refuerzos[78]

Cuando llegué a Congo en febrero de 1983, cuenta Mari Do, empecé a trabajar en la maternidad de Binza. En aquel entonces vivíamos de alquiler en una casa en la Avenida Kananga. Antes de terminar el año, el propietario quiso aumentar el precio del alquiler y como no podíamos permitírnoslo, nos lanzamos a la búsqueda de otra casa. Encontramos una que parecía reunir las condiciones que queríamos y que pertenecía a M. Mpanu-Mpanu, un político de la época de Mobutu.

En aquel entonces, según nuestra mentalidad europea, lo buscábamos todo en el periódico, un trabajo, una casa… Y así encontramos una casa en alquiler en la Avenida de la Maternidad, Tita y yo fuimos a pedir más información y terminamos en la oficina de M. Mpanu-Mpanu.

Nos recibió y pudimos hablar con calma con él. En un momento dado, nos preguntó si éramos del Opus Dei. Muy sorprendidas le dijimos que sí y le preguntamos cómo lo había sabido. Nos dijo que conocía al abbé Hervás, y que, al vernos, se lo había imaginado. No sé si sería por nuestro francés mal hablado o algo de lo que le dijimos… El caso es que nos dijo que podíamos alquilar su casa en la Avenida de la Maternidad porque él acababa de construirse una muy cerca.

---

[78].- Capitulo redactado a partir de recuerdos de Mari Do, que se unió el 26 de febrero del 83 a las cinco primeras personas del Opus Dei que llegaron a la R.D. del Congo.

En esa casa había un cocodrilo de más de tres metros en una jaula muy grande. Escribimos a Roma diciendo que habíamos alquilado una casa con semejante animal en la finca. Mi habitación daba al patio interior, donde estaba la jaula del reptil. En ella había una gran piedra desde donde saltaba hacia un *paf* con su cola que no te dejaba indiferente.

Al poco de trasladarnos allí me acerqué a una maternidad que se encontraba muy cerca de donde vivíamos para ver si podía hacer unas prácticas. Aunque era médico, hacia bastante tiempo que no ejercía como tal. Me recibieron con los brazos abiertos porque en esa época no tenían uno. Todo lo hacían las religiosas y las matronas. Aprendí muchísimo. Un día me dijo la monja que me iba a quedar sola atendiendo los partos. Yo estaba contenta de lo que estaba aprendiendo y ellas de tenerme allí para ayudar. Sin embargo, ese trabajo no me facilitaba los papeles de residencia en el país ni un salario para vivir.

Mientras trabajaba en la maternidad me enteré de que la Fundación Maman Mobutu buscaba una mujer blanca para ser la directora del Centro Femenino Maman Mobutu. Presenté mi candidatura y tras aceptar la oferta que me hicieron estuve trabajando allí nueva años hasta 1991 y tuve la oportunidad de trabajar muy cerca de Mobutu y de todo su entorno. Eso, entre otras cosas, suponía que salíamos en la televisión casi todos los días. Como se observa fácilmente de lo que se cuenta, cada una de las que vinimos a empezar el trabajo apostólico del Opus Dei en Congo[79], trabajábamos en lo que nos iba saliendo.

---

[79].- Empezar el trabajo apostólico del Opus Dei se refiere a vivir una vida ordinaria, es decir, que cada uno, allí donde está, esté persuadido

En la casa vivía también Isabelle. Ella es abogado y también buscaba trabajo. La primera cosa que encontró fue un empleo en *Quo Vadis*, una fábrica de pan que pertenecía a un griego llamado Papa Dópulos, donde desempeñó el cargo de consejera jurídica de la empresa. Lo que le daba derecho a tener pan para su familia. Y como su familia era numerosa, venía cada día con dos sacos llenos de pan. Uno para nosotras y otro para la casa de la residencia de los varones de la Obra. Después de la fábrica trabajó en un despacho de abogados en la ciudad y más tarde en la delegación de la ONU y en la Embajada de España después.

Pronto nos dimos cuenta de que merecía la pena organizar actividades en torno a la educación y a la salud. Y se creó el Club Virunga, una ASBL[80] para lo que se hicieron muchísimas gestiones con el fin de poder obtener todas las aprobaciones necesarias. Un poco más tarde se creó la ASBL CECFOR[81]. En ambos proyectos colaboraron muchas personas, algunas de la Obra y otras no. Y todos compartiendo la misma ilusión de poder contribuir al desarrollo del país a través de la formación humana y espiritual de ciudadanos congoleños.

Sobre la casa, un buen un día nos llamó el propietario y nos dijo que nos la vendía al precio

---

de que puede ser santo, porque Dios lo quiere así. En su trabajo, en su familia… luchando por vivir las virtudes cristianas de manera heroica.

[80].- ASBL es un acrónimo de una Asociación sin ánimo de lucro.

[81].- CECFOR acrónimo de Centro Congolés de Cultura, Formación y Desarrollo. Se trata de una organización no gubernamental que se centra en la cooperación para el desarrollo del pueblo congoleño en lo que respecta a la salud, la educación y la capacitación técnica.

inicial. Estudiamos la situación, pedimos un préstamo al banco y decidimos comprarla. Cuando fuimos a firmar el contrato, Leti y yo, le preguntamos qué le había hecho cambiar de opinión. Entonces, nos dijo que había soñado con nuestro Fundador y que había pensado: o les vendo la casa, o no voy a volver a dormir tranquilo.

Así nació Virunga, nuestro primer centro. Tras este hito pensamos que teníamos que estar cerca de los jóvenes, para formarles y como consecuencia de esa tarea, quizá el Señor promovería vocaciones de gente joven con total entrega a Dios. Para ello alquilamos una casa, cerca del Campus Universitario, que fue un segundo centro, Tangwa.

Más tarde, se quiso construir una casa de retiros en Kimbondo. Para lo que buscamos un terreno. El Vicario me había dicho que un día paseando habían visto un terreno grande que pertenecía a la Fundación Maman Mobutu. Y como yo había trabajado allí, me pidió que preguntara para saber si el terreno estaba disponible. Con el fin de acelerar las gestiones casi todos los días llamaba a maman Pinga, mujer de un estrecho colaborador de Mobutu, para que fuéramos juntas a ver el terreno. Pero no tenía tiempo. Así que un día fui a verla y le dije que nos íbamos a ver el terreno.

Nos paseamos por los alrededores. Por aquel entonces no había nada; era una zona desértica. Maman Pinga me explicó que era un terreno que no pertenecía a la Fundación sino a la familia Mobutu y que habría que hacer la gestión con ellos. Dicho y hecho. Cada día iba al despacho del hijo mayor de Mobutu, Nigwa Mobutu, para ver si podíamos llegar a un acuerdo. Y siempre que me pasaba para verle me decían: hoy señora, le va a recibir.

En estas estábamos, cuando un día, maman Pinga me dijo que la mujer de Nigwa quería verme en su casa. Así que quedamos y nos vimos. Ella me dijo que le gustaba la idea de hacer una obra social de ese estilo pero que los hijos también querían hacer algo parecido en ese terreno. Si quería, yo podría utilizar la mitad. Yo le dije que era todo o nada. Finalmente cedieron y se pudo conseguir el terreno para construir la casa de retiros: Lukunga.

Años después, el que fuera prelado de la Obra, don Javier Echevarría, hizo una visita pastoral al Congo y tuvo allí un encuentro con personas diversas. Acudió Sanda Mobutu y conoció la casa y la escuela de hostelería, el proyecto de CEPROCEM[82]. Se puso realmente contenta viendo que se había aprovechado muy bien la totalidad del terreno que fue de su familia.

---

[82].- Un proyecto de formación agrícola, anejo a la casa de retiros, donde se producen semillas y se enseñan técnicas agrícolas.

La casa de las espadas[83]

Tras las peripecias en nuestro traslado, por fin nos instalamos en la Avenida Kananga, en una casa rodeada por un jardín, con ventanas protegidas por hermosas rejas anti-robo y gran originalidad en la distribución de las habitaciones; la Casa de las Espadas. La primera noche estuvo llena de sorpresas. De nuevo ante nuestros ojos veíamos ese elemento singular; la moqueta, que nos sirvió de colchón. Pero que, para los habitantes habituales, las cucarachas, encontrarse con tanto obstáculo, debió ser una sorpresa. Y así, una hermosa y gran curiana quedó atrapada en el pelo de Leti, que se despertó con un sobresalto, por la confusión que la pobre bestia estaba provocando por deshacer el enredo que había hecho. Y junto a esto, las tres que dormían en el suelo de la habitación grande se levantaron mojadas porque el aire acondicionado goteó durante toda la noche.

Y empezaron las reformas. Los obreros estaban por todas partes y todas nuestras cosas las guardamos en una habitación donde aún quedaban los rollos de moqueta que faltaban por colocar. Así, durante cinco días, esta habitación fue la oficina, el comedor, la sala de estar. Y sentadas en los rollos, comimos sándwiches, de…, siempre, lo mismo: queso Gouda y salchicha.

Teníamos un objetivo muy claro: echar a los

---

[83].- Recuerdos de Leti.

obreros lo antes posible y, con una estrategia bien establecida, ganando terreno cada día sin permitir el retroceso; Tita, junto con Marta, gestionaban el caos: trabajadores, rodillos, cables, electrodomésticos, hacer la comida y hacer que la casa fuera lo más agradable posible para las que salíamos temprano a trabajar.

Estando en estas y sin una cocina y equipadas con una estufa de una sola placa en el suelo y enchufada a la única toma de corriente que funcionaba que estaba fuera de la cocina, decidimos hacer, para el aniversario de la ordenación de su Eminencia el Cardenal Malula, el único postre que se podía hacer al baño-maría y que podría superar un viaje largo y caluroso; tocino de cielo. Pedimos ayuda a nuestro Padre y afrontamos el reto, que tras tardar un tiempo que parecía terriblemente largo, dio lugar a un "tocino" que salió brillante y suave de un molde como si hubiese sido hecho por un maestro *cordon bleu*. Lo decoramos con ciruelas en almíbar, un regalo que acabábamos de recibir de Portugal y se lo hicimos llegar al Cardenal a través de Longin, un vecino y amigo nuestro.

Cada día, a toda prisa, después del desayuno, Isabelle con el R5, su coche de trabajo que estaba en las últimas, se aventuraba hasta Quo Vadis, la panadería de la 13ème rue de Limite[84], la más grande y famosa de Kinshasa. Y la veíamos regresar, todavía temblando, bajo el impacto de su "bautismo" de lluvias torrenciales sin ver nada excepto el agua que entraba por debajo de la puerta del coche.

---

[84].- Una de las avenidas del centro de la ciudad.

Gracias a sus idas y vueltas del trabajo, íbamos conociendo las costumbres locales. Un día se encontró en plena calle con el funeral de un joven. El ataúd iba sobre los hombros de unos tipos enormes con caras ennegrecidas con *sciure* (aceite de motor) que bailaban "siguiendo la voluntad del difunto" y pedían colaboración monetaria. ¡Menudo susto para Isabelle!

Todas estas anécdotas que se sucedían en nuestras vidas no nos separaron de nuestra meta de hacer el Opus Dei, siendo cada una, Opus Dei, y para ello teníamos claro que era imprescindible hacernos congoleñas.

En nuestros viajes al Campus, una construcción formidable obra de Monseigneur Gillot, soñábamos con todas esas mujeres que se podrían unir a nosotras para hacer el Opus Dei. ¡Y que serían de origen congoleño! Era lo que soñábamos.

Pero ser congoleñas no nos hizo olvidar lo universal: Marta era la prueba. De origen angoleño y refugiada en el Congo con toda su familia, Leti la había conocido en la universidad portuguesa donde estudiaba como estudiante externa. Al contarle sobre nuestros planes para la capacitación de la mujer y nuestras necesidades de ayuda en el trabajo de la casa, se decidió a ayudarnos en el tiempo que sus estudios le permitieron.

Con nuestro traslado a la Av. Kananga, ya no le era posible hacer compatibles sus estudios y el trabajo en nuestra casa. Así que un día nos dijo que estaba decidida a venir a vivir con nosotras y estudiar por libre, presentándose solo al final del año para hacer sus exámenes.

¡Qué ayuda más maravillosa tuvimos!

Gracias a Marta, conocimos mucha gente y entre estas a Marcela, que se convertiría en la segunda mujer del Opus Dei en el Congo. Y también con ella llevamos a cabo nuestra primera hazaña: penetrar en el Bas-Congo y llegar a Kimbianga, pueblo donde vivía su familia. Fue en abril de 1983. Estábamos María Dolores, Leti y Marta a bordo de un R16 en la estación de la *Sotraz*[85] con el picnic del día y algunas otras cosas. Entre la que se encontraba el regalo para llevar a la familia de Marta: un pastel grande y hermoso.

El viaje no se desvanecerá nunca de nuestra memoria. Y nuestra, porque todas estábamos allí, con nuestros corazones y nuestras oraciones. Y lo hicimos en la estación de lluvias, donde tuvimos desde un impresionante encuentro con Lukula[86], ahogado bajo el agua, coches atascados, niños guiándonos para cruzar entre el agua y el barro. Así como con el encuentro de nuevos paisajes, como Matadi y sus casas en cascada, la travesía para cruzar el río Congo en balsa, el bosque de altos árboles de caucho y sus pequeños recipientes pegados al tronco para recoger la savia y un largo etcétera.

Al llegar, se agolparon las impresiones; la

---

[85].- Es el nombre de la compañía de transportes de la época.
[86].- Es el nombre de un pueblo que hay que atravesar para llegar a Kimpese. En la época de lluvias tiene zonas completamente inundadas que hay que cruzar.

hospitalidad de la familia de Marta, la limpieza del pueblo, los niños del lugar, una mágica noche, auténtica noche sin luz eléctrica y junto a los gritos de los animales. Y en la despedida, nos llenaron de regalos; maíz, cacahuetes, incluso dos gallinas vivas.

Tres de las amigas de Marta vienen con nosotras de vuelta a Kinshasa, entre ellas está Marcela, su prima directa.

En la Casa de las Espadas por la noche, escuchábamos a los vigilantes de esta zona residencial afilar sus machetes e intercambiarse silbidos. Ese ambiente nos daba miedo... Sin embargo, nuestro centinela, Capuia, el ex Constantino[87], dormía profundamente cuando le llevábamos el café nocturno. Y había que despertarlo. Lo cual, para alguna de nosotras, con voz suave, no era nada fácil...

En nuestras cabezas soñábamos con comenzar un club de actividades para chicas de secundaria, pero los obreros tardaban en terminar. Y para poder comenzar con ello, Dina y D'zbo nos prestaron su casa los domingos, que en Congo es un día de visitas para todas las familias congoleñas que se respetan. De hecho, el matrimonio D'zbo, vino a nuestra casa un domingo para honrar sus orígenes y también, porque no decirlo, para divertirse un poco. Y aparecieron con los trajes típicos de su región, la Provincia Oriental, en la que los hombres, sin ser sacerdotes, vestían con so-

---

[87].- Con el movimiento político de la "vuelta a la autenticidad", todos los nombres cristianos fueron prohibidos, y se cambiaron por nombres en el idioma local, el lingala. Pero la gente seguía haciendo referencia a su nombre de bautismo diciendo "ex" delante.

tana blanca. Y se rieron mucho cuando vieron nuestra cara de asombro.

Desde entonces, son un apoyo incondicional y su hogar es nuestro hogar. Mamie y Claire son la mayor y la pequeña de una familia de muchos hermanos y las primeras en acudir a nuestro soñado club juvenil. Y así, todos los domingos, Isabelle y su equipo se iban para hacerse cargo de las actividades con las chicas.

Dina, a su vez, participa en los retiros espirituales de las *mamás* que tienen lugar en la iglesia de San Francisco de Sales en Kitambo. Será en esta iglesia en la que daremos nuestras primeras clases de catequesis y donde nos confesábamos.

La Navidad es una efeméride difícil de pasar por alto. En la primera que vivimos en el Congo, contamos con un nacimiento regalo del Padre, que está enmarcado por los *velours de Kasaï*[88] y que decoramos con los frutos amarillos del árbol de un vecino. ¡Qué pobre es y cómo nos gusta! ¡Qué recuerdos!

Para celebrar la fiesta, tuvimos Misa de medianoche a las nueve de la noche, cantada a cinco voces, porque éramos cinco. Todo parecía poco para dar solemnidad a esta primera Navidad. Isabelle, por su parte, organizó un festival. Y los regalos estaban envueltos con mucho cariño. No sentíamos nostalgia porque nuestros corazones estaban bien llenos.

Pero a la gran fiesta de Navidad le precedieron

[88].- Tela típica de Kasai, situado en el interior del país. Galería fotografía.

días llenos de carreras a contra reloj y las jornadas de trabajo del señor García, un angoleño carpintero, que nos ayudó a montar el oratorio y que Leti, que podía entenderlo, no hacía más que "gastarle" el nombre de todo lo que lo repitió para que terminara a tiempo todo el trabajo.

Pasadas las navidades, en enero, llegaron los refuerzos. Nuria lo hizo justo a tiempo para el cumpleaños de Leti. Y a esta le siguieron María Dolores y Elodie, que lo haría en febrero. Y sus venidas revivieron las aventuras del aeropuerto. Y aunque nuestra experiencia se enriqueció no nos faltaría algún agobio, como, por ejemplo, cuando "perdimos" a María Dolores. Y a la que no podíamos imaginar que la encontraríamos tan contenta y bien instalada en el Memling, uno de los dos mejores hoteles de la ciudad. Puesto que, todo hay que decirlo, contó con la ayuda de Pascal, la persona de protocolo[89] que vino a buscarnos cuando llegamos a Congo. Y a la que siempre estaremos agradecidas y que murió poco después de nuestra llegada.

Sobre las noches, Elodie, lo pasaba bastante mal con los bichos que entraban por su ventana sin mosquitera. Para evitarlos decidió encerrarse, cerrando la ventana y la contra ventana: "El calor es mejor que los bichos observándote con asombro", nos dijo muy convencida. Y María Dolores, transformada rápidamente en Mari Do, a su vez, montaba guardia, espiando todos los ruidos de machetes, y silbidos.

Pasado más tiempo del esperado, por fin los

[89].- Personal que se encarga de la acogida de los viajeros.

obreros se macharon y la casa fue totalmente nuestra. Y la búsqueda de trabajo continuaba. Nuria daba clases de castellano en la escuela secundaria los *Loupiots*, el Liceo Francés y el centro cultural de la Embajada de España. Y Tita, Mari Do y Elodie se movían para lograrlo, pero no era tarea nada fácil. Mari Do necesitaba un permiso para ejercer las ciencias de la salud. Por su parte, Elodie va y viene al Campus y si el trabajo no sale, sus conocidos se convierten en amistades y otras puertas se abren.

Nuestro vecino Françoise vino un día a visitarnos y nos contó sobre una muy buena oportunidad de trabajo: directora pedagógica de la Escuela Maman Mobutu. Mari Do consiguió el trabajo, que tendría, sin nosotras saberlo, abundantes frutos para la tarea de las mujeres del Opus Dei en el Congo.

Pero a las dificultades por encontrar trabajo para muchas de nosotros, se añaden los del transporte, que se multiplican. Porque nuestro vehículo no podía estar a la vez en la ciudad, en Binza, haciendo la compra y llevar a las que buscaban trabajo. Por eso, cada una, intentaba encontrar a alguna persona amable que pudiera llevarla y dejarla de camino. Así es, por ejemplo, cómo Nuria descubrió a "la Dama de Negro", Justine U, su estudiante en el centro cultural, que era vecina y que nos prestaría su coche. A esto se añadió que Leti, que enseña en la universidad portuguesa, también tenía estudiantes cercanos y los coches con que contaban ayudaron mucho al pequeño Mazda.

De Justine U, he de decir también que su hijo menor, Alain, tuvo un cáncer que acabaría con su vida.

Durante todo el proceso de la enfermedad rezamos y nos preocupamos por él y su madre. Fortalecemos nuestros lazos. Justine U, tiempo después, fue un pilar para quienes comenzarán la expansión en la capital de cobre[90].

Y volviendo a los viajes. De ellos llegarían dos huéspedes inesperados: Kin y Black, dos perros hermanos, mezcla de pastor alemán y dóberman. Kin se convertirá en nuestro perro guardián por excelencia. Black, sin embargo, muy travieso, terminaríamos por darlo, ya grande, como regalo, porque no era posible dominarlo.

Por su parte, Isabelle, por su trabajo, tenía la posibilidad de traer pan gratis a casa. Así teníamos, todos los sábados un mini carro lleno de pan para toda la semana.

Todas estas cosas sucedieron en la nueva casa, la de las Espaldas, que aún no sería la definitiva. Todavía nos tendríamos que mudar. Pero por el momento esta era más grande que la anterior y teníamos la ilusión de verla llena de chicas que vinieran a participar en las actividades de formación que impartíamos allí.

Con el paso del tiempo aprendemos a ir conociendo el clima, las lluvias, los bichos y las soluciones para las situaciones concretas. Aunque siguen sucediendo cosas que nos dejan sin palabras

---

[90].- Se denomina capital de cobre a la región de Katanga, una zona de explotación minera al sudeste del país. En la que se obtiene y se trabaja este metal.

como cuando Tita nos cuenta que un armario se ha convertido en polvo por el trabajo de las termitas.

Pasan los meses y llegan las vacaciones escolares. Comienza nuestra primera estación seca, y con ella un gran momento de maduración. El aumento del alquiler nos hizo buscar otra casa porque el dinero no nos llegaba. Y comienzan las visitas, las entradas y salidas en las que vemos casas de toda clase y condición. Algunas de ellas nos inspiran películas policiacas, otras de ficción y muchas risas enormes.

Ese tiempo de vacaciones transcurre también entre cursos de teología, –quién no recuerda los cursos sobre el Sacramento de la Unción de los enfermos[91], tan agitados e interrumpidos las mencionadas salidas en busca de la casa y nuestras meriendas en el jardín, en sillas de tela entorno a una pesada mesa redonda y en las que Leti nos sorprendía con sus zumos de frutas decorados con hojas de menta y una sopa de calabaza servida en la misma calabaza. Durante estas, las "investigadoras" –Leti, Tita y Mari Do– nos hablaban sobre lo que encontraban y nos hacían reír con todas esas casas divertidas y que nos hacían preguntarnos si no había viviendas "normales" en Kinshasa. Aunque posteriormente aprendimos que para esta tarea era fundamental conocer *le marché* (el mercado)[92].

Pero no lográbamos una casa que nos gustara y reuniera las condiciones apropiadas. Y mientras tanto, el propietario nos pidió el avance de los

---

[91].- Todos los miembros del Opus Dei dedican un tiempo, según sus circunstancias personales, al estudio de la Teología.

[92].- Expresión popular pare referirse al terreno en el que uno se mueve.

próximos tres meses. Estábamos a finales de agosto y la fecha límite que nos dio para el pago fueron los primeros cinco días de septiembre. Por lo que tuvimos que renovar el contrato, a riesgo de dormir bajo las estrellas. Y todas nuestras reservas se fueron a ese famoso pago.

Sin embargo, al día siguiente, apareció un anuncio recortado de un periódico en el escritorio de Tita. Era una casa con jardín y piscina, 9 habitaciones, garaje, sala de estar grande. Además, no estaba muy lejos y se encontraba más cerca de la ciudad, ya que encontraba en Binza Delvaux. Tita no podía creerlo. Elodie se quedó en casa y Tita salió a comprobar la información. Y efectivamente la casa existía y estaba en alquiler. Se fijó una cita para el día siguiente para visitar la casa que ya sentíamos como nuestra.

Al día siguiente, Tita y Leti se presentaron muy puntuales. Después de intercambiar algunas palabras de presentación, el Señor Mpanu-Mpanu quiso saber nuestras razones para alquilar una casa tan grande. Le explicamos nuestras metas: actividades de formación para jóvenes y para señoras, de capacitación de la mujer etc.

La visita fue un éxito y la casa nos encantó. Adornada con un gran cocodrilo que se bañaba en su piscina privada en el patio interior, la casa tenía mucha gracia. Después de estudiar la cuestión, la gran dificultad saltaba a la vista, no teníamos dinero para pagar el anticipo solicitado. Pero, con la certeza de que era nuestra nueva casa, entramos en acción, convencidas de que nuestro Padre estaba detrás de ello y de que todo se resolvería.

Cuatro días después de haber hecho el pago del alquiler de la casa, Leti fue al banco para hablar con una señora portuguesa que se encargaba de las transferencias. La señora se mostró bastante escéptica. Insistió en que tendría que haber venido antes. Leti insistió tanto para que llamara al Banco de Bruselas y detener la transferencia, que al final, la señora lo hizo y para su sorpresa la transferencia aún no había sido acreditada. Tras lo cual, siguió con las gestiones para escribir y enviar una carta al propietario anterior para cancelar la renovación del contrato. Estábamos seguras, de que sería nuestra casa, aunque en realidad fue el último *eslabón* antes de nuestra casa definitiva.

Una vez más, constatamos el modo de actuar de nuestro Padre: él estaba allí, nos ayudaba, nos protegía, pero, como buen educador, no nos escatimó esfuerzos. Nos lanzó, nos hizo mujeres fuertes. Sabía que otras situaciones, diferentes pero exigentes, vendrían más tarde, y no podríamos ser mujeres "protegidas", "hijas de papá".

Empezaron así las gestiones para dejar la casa anterior. Hablar con el propietario y su intermediario. Dejar la vivienda ordenada, empaquetar nuestras cosas, que ya se acumulaban. Embalar los muebles adquiridos en las "salidas de los extranjeros"[93], así como las lámparas, los artículos para el hogar etc.

Después de todos estos avatares, informamos a Justine U, Vivian y Dina de nuestra nueva dirección.

---

[93].- Cuando un extranjero terminaba su contrato en el Congo y volvía a su país de origen, vendía sus muebles y otros aparatos a muy buen precio.

La nueva casa no había sido habitada durante bastante tiempo. Necesitaba una buena dosis de agua y jabón, pero con la ayuda de todos, incluidas, Mamie, Claire, Thérèse, finalmente la vivienda adquirió un aspecto agradable y acogedor. Y durante esos días de faena, el propietario, que vivía a escasos 100 metros, se acercó de vez en cuando a vernos trabajar y se sorprendió de lo que estaba viendo. Además, el dueño llegó a "adoptar" a Marcela como si fuera hija suya, ya que tenían la misma lengua materna. Y también no fue infrecuente que viniera acompañado de algún amigo suyo, como, por ejemplo, algún obispo.

Con todo, a mediados de septiembre, contrato en mano, nos mudamos a la Casa del Cocodrilo.

La casa del cocodrilo

La casa, explica Leti, es realmente grande. Tiene un jardín, en barbecho, al que vemos muchas posibilidades y algo parecido a una pequeña piscina. Nos sorprende el diseño de las diferentes habitaciones, así como el de una torre y el ático, habitado por numerosos animales, cucarachas, ratones y otras especies que por allí deambulaban.

Nos encontramos con un piano de cola. Pero, desafortunadamente ninguna sabíamos tocarlo. Además, estaba muy desafinado. ¡Pero qué estilo le daba al salón! Que era enorme. Con una inmensa chimenea y la temida moqueta. ¡Cuántas charlas, cursos, teatros con niñas, conferencias con universitarias…! Era un espacio que tenía la capacidad de adaptarse a nuestras necesidades y lo queríamos aprovecharla al máximo.

El porche, que se extendía hasta el jardín, posibilitaba otras tantas actividades. Allí, por ejemplo, preparamos las pancartas, con el lema *Totus Tuus* cuando el papa Juan Pablo II vino a visitar el país en 1985. También servía para nuestros pequeños días de excursión, en las que degustábamos el *Mpiodi* o pescado frito a la parrilla, el plátano frito y la famosa cerveza *Primus*. Mari Do, como buena andaluza, se veía, en aquellos ratos, junto al Mediterráneo, sin necesidad de cerrar los ojos.

Con la temporada de lluvias comenzaron

también nuevas aventuras. La torre se convirtió en una catarata. Sus tres habitaciones eran como lagos... ¿Cómo solucionarlo? Se nos ocurrió un nuevo invento: cubrir todo con un plástico enorme para evitar problemas mayores.

Las "migraciones" interiores, de las que allí vivíamos, fueron frecuentes en función de las necesidades del momento. Tita, por ejemplo, se instaló en la habitación que daba al patio del cocodrilo. Y tendría que acostumbrarse a sus golpes de cola y múltiples inmersiones. Leti, por su parte, haría lo propio en la buhardilla con sus visitantes nocturnos, los murciélagos, que entraban por una ventana sin barrotes ni mosquiteras. Y no hablemos de Elodie, a quien "intrusos" sin clasificación animal conocida, la miraban fijamente.

Al acercarse la Navidad el club familiar preparó una gran fiesta. Fue todo un éxito. Eso sí, incluyó una silla rota por el peso de un padre de dimensiones generosas que asistía a la fiesta; el hundimiento en las aguas de la ya recuperada piscina del primo pequeño de Diana y al que Agnés quiso salvar casi ahogándose también. Y con un Kin, el perro, en medio de la escena, atrapando los zapatos de los improvisados "buzos al rescate". Pero los padres estaban encantados con sus hijas y nosotras también.

Las primeras vocaciones ya estaban allí, todavía en potencia, pero seguras: Marcela, D'Jo, Nicole, Esperance... Tendrían que pasar los años, pero estábamos convencidas de que llegarían. Al igual que un nuevo refuerzo, el 30 de diciembre: el de Estela, que terminó con nosotras en 1983, dejando atrás las vastas pampas argentinas y arrancó un 1984 lleno de esperanzas.

Queríamos comenzar una escuela de hostelería, pero tendríamos que esperar. Por el momento, las futuras estudiantes pasan por aquí y en un mes llegan a visitarnos unas sesenta muchachas que conocimos.

En estas, las idas y venidas al Campus Universitario se transformarían en clases de formación cristiana y sobre todo en amistades. Antoinette, por ejemplo, se puso en contacto con nosotras. Acababa de llegar a la Facultad de Derecho. Sería la primera numeraria congoleña. A la que después seguirá Marcela[94], la primera numeraria auxiliar.

Un día recibimos la visita de los padres de Tita. Se alojaban muy cerca de nosotras, lo que nos permitió disfrutar de su compañía con bastante frecuencia. Aunque quisimos hacerles pasar un buen rato y borrar la imagen "salvaje" que pudieran tener de África. Nuestra mayor preocupación era, sin embargo, el Sr. de la Torre, don Louis para los amigos. Un español de origen y corazón y, matemático insigne, Fundador del Instituto de Estadística en Kinshasa, que vivía en el Congo desde su juventud. Y que nos adoptó como "nietas" y ayudó mucho en nuestros inicios con la burocracia, gracias a sus conocidos en la administración estatal.

---

[94].- Marcela todavía tiene sus raíces y, a pesar de vivir en el Congo, se siente la primera vocación de Angola. Antes que ella, una kasaïenne, estudiante en Milán se había convertido ya, en la primera numeraria auxiliar congoleña.

D. Louis quería conocer a los padres de Tita. Les contó historias increíbles. Historias que conocíamos bien y que sospechamos un poco exageradas, en gran medida a "efectos" de la memoria. Y ante las que se percibía el miedo de María Jesús, la madre de Tita.

Para movernos contábamos con un R4 naranja, el coche de trabajo de Mari Do, que nos sacó de apuros en muchas ocasiones. Todavía veo a Adolfo, el padre de Tita, con un pañuelo en la cabeza, rojo como un camarón, empujar el R4, con los tobillos enterrados en la arena. Cuando Milongo, el conductor, quiso mostrarle la belleza de la "Tilapia", sitio turístico cerca de Kinshasa, se olvidó del mal estado de la carretera.

Un día les sorprendimos con un filete de *grand capitaine*, un pescado de río que preparamos, ahumado, al estilo *moto moko*[95]. Según Adolfo, era mejor que el salmón. María Jesús y Adolfo volverían a España maravillados de vernos tan felices. Estamos seguras de que siempre nos tuvieron presentes en sus oraciones.

También tuvimos grandes avances técnicos como la instalación del teléfono. ¡Y una gran lección! Sobre todo, para Leti, cuando, sorprendida, se dio cuenta de que el aparato era sólo una carcasa. Hecho que nos hizo comenzar de nuevo. Para ello, delante de sus narices, el "técnico" cogió el interior del dispositivo y lo hizo sonar. Sin embargo, cuando marchó, nos dimos cuenta de que estaba vacío. ¡Se lo había llevado!

---

[95].- Se trata de una manera de ahumar el pescado, que permite la conservación de su carne, en su punto perfecto para el consumo.

Mari Do está haciendo mucho bien con su trabajo, pero todavía le quedaba bastante por aprender. Tendrá que inclinarse ante las *exigencias* de amistad de la Maman Koper. Una mujer, que era prefecta de disciplina en su escuela y una ferviente católica, que sin embargo temía la brujería (*n'doki*) de los enemigos contra la buena e inocente directora del centro. Por ello hizo que viniera el sacerdote para bendecir la oficina en la que trabajaba Mari Do.

Todo nos servía para conocer y querer más a las personas. Y llega, el "día del pescado". Un gran día de fiesta en el país con discurso de Mobutu y desfile incluidos. Mari Do, directora de la escuela fundada por Maman Mobutu debe marcharse ese día a Kinkole, donde el majestuoso río Congo alcanza su mayor ancho. La esperamos con impaciencia para conocer todas sus impresiones. Y ella, entusiasta como siempre, elogia la belleza del lugar, el paseo del presidente, su contacto con el gran líder africano, su primer desfile. Pero la realidad es que sólo Mari Do podría tener una actitud tan positiva ante el viaje tan cansado que había realizado.

En abril de 1984, llegarían nuevos refuerzos. Lo harían desde Roma, un grupo de tres numerarias auxiliares naturales de Kenia. Y Leti, entusiasmada por plasmar para siempre este momento histórico, tiró de su vetusta cámara de fotos. Fue detenida, en el aeropuerto, junto con su cámara. Pero todo se resuelve con explicaciones, la intervención de un amigo y la entrega del carrete a los gendarmes aeroportuarios. El hermoso descenso del avión permanecerá para siempre en los archivos de la policía, pero, sobre todo, grabado en nuestra memoria. Y la historia llega a todos los rincones de Kinshasa, exagerada por los diferentes narradores. El lunes, al llegar a su trabajo en la universidad, Leti es testigo de cómo se prepara una delegación para rescatarla de la cárcel. Después de algunas explicaciones, todo termina en una divertida disertación.

Soñamos en grande y organizamos nuestro primer encuentro panafricano. Para ello vamos a Kenia con las niñas del club y tenemos un intercambio cultural en el primer país de África donde empezó el trabajo apostólico del Opus Dei. Lo que para nosotras es todavía un *"sueño"*, allí lo vemos hecho realidad. Olga Marlin[96] nos cuenta sus sueños: una Universidad Panafricana. Y parece que ya la estamos viendo. Un sueño que hoy es una realidad.

El año 1984 pasa en un suspiro. Corazones y cabezas se preparan para un nuevo y casi definitivo traslado. Y mientras se suceden los meses llegan las celebraciones de los cuarenta cumpleaños de Tita y Mari Do. El patio del cocodrilo se transforma en un patio andaluz. Una bonita escena verlas, a las dos, vestidas de gala para la ocasión. Y con baile de sevillanas incluido.

Comenzamos a trabajar para que nuestro nuevo y definitivo hogar fuera más habitable. Un domingo, Justine y su marido vienen a nuestra casa para asistir a la Santa Misa. Al final, Gabriel sale y se apoya en el

---

[96].- Olga Marlin, es una de las primeras mujeres del Opus Dei, que empezó el trabajo apostólico en Kenia en los años sesenta. Citada en páginas anteriores.

piano. Tita y Leti también salen y él aprovecha la oportunidad para bromear sobre la manera que tenemos de dirigir "los negocios". Porque la construcción de la nueva casa no empieza y corremos el riesgo de tener que renovar el alquiler... Nos reímos y le damos nuestra explicación más convincente: la falta de dinero. Gabriel nos sorprende y nos emociona. Nos cuenta cómo su esposa le ha contado nuestras dificultades y que vienen a darnos una contribución económica muy generosa, por cierto. La condición es que sirva para la construcción del oratorio. Lo que se hará realidad en un futuro, ahora, muy próximo. Esta pareja de congoleños empujó a comenzar la construcción. Y con ella, una carrera exigente y difícil de la cual obtendríamos muchos beneficios: experiencia, seguridad y algunas lágrimas.

Contactos, decisiones, y nos sentamos para hacer un contrato con una empresa constructora. Y el contrato conllevará facturas a pagar. Serán una batalla que ganar. Y siguiendo el consejo que nos da el Vicario; "frente a una batalla que hay que ganar, por lo menos, una oración a nuestro Padre". Se ganó la batalla y la casa se termina con la ayuda de amigos portugueses.

Las obras no nos hacen olvidar la venida del Papa. Somos pocas, pero estamos decididas a hacer algo, a estar en todas partes, allí donde vaya el Papa. Y la terraza de la casa del cocodrilo nos sirve como taller para hacer pancartas con el lema *Totus Tuus*. Ayudadas por nuestras amigas y asociadas del club, cosimos y pegamos. Nos organizamos después de haber estudiado el programa de esos días. Elodie, que trabajaba en una floristería, logró hacer dos centros de flores para la Nunciatura, donde viviría el Santo Padre. ¿Quién podría olvidar esa mañana que pasamos frente a la Nunciatura, esperando entre la multitud, a que saliera el papamóvil? Unimos nuestras voces a las del resto de la gente y cantamos. De repente, Tita sale de entre la multitud y corre, abre los brazos, hacia el papamóvil, nadie se lo impide. ¡Una escena maravillosa! Después, algunas van a la Catedral y por la tarde nos contamos los recuerdos del día.

Lo más bonito, fue el momento en que, frente a las puertas del jardín, por la noche, vemos al Papa pasar de la Nunciatura al Centro Inter Diocesano. ¡Está cerca! Marcela. grita. Llama al Santo Padre y este nos bendice. No necesitamos nada más. Regresamos a casa felices y emocionadas.

Los tiempos de la "casa de cocodrilo" están llegando a su fin, pero el trabajo en la nueva casa está sin terminar. La solución siempre llega en su momento. ¡La habíamos pedido tanto a nuestro Padre! Su propietaria se llamaba Clara Rascouette.

La casa de Clara[97]

Clara es nicaragüense. Está casada con un bretón y es madre de dos niñas muy guapas y dueña de un perro un poco loco. Pero sobre todo es amiga de Elodie. Conoce nuestra situación y nos ofrece su casa mientras está de vacaciones. Es una vivienda pequeña, pero se convierte en nuestra tabla de salvación. La decisión está tomada: Isabelle, Leti y una tercera, que no recuerdo, dormirán en la casa nueva, en la que se están haciendo importantes obras de reforma, y lo harán en el piso de arriba donde ya se pueden ocupar dos dormitorios y usar un baño. Y las demás, que ya somos unas cuantas, lo harán en casa de Clara.

La que está de "guardia" en la casa en obras espera a que su reemplazo le traiga el desayuno. Las comidas las tenemos en casa de Clara, donde hubo de todo; la sinusitis de Nancy, la malaria, platos de desayuno rotos, mordeduras de su perro…

En estas circunstancias dimos un gran paso adelante que soñábamos desde hacía tiempo: comenzar a encargarnos del trabajo de la administración[98] de la residencia de los varones. Algo que sabíamos lo mucho que le gustaba a san Josemaría. Así lográbamos, por un lado, evitar las malas experiencias de dejar las tareas domésticas en manos

---

[97].- Recuerdos de Leti.

[98].- Trabajo doméstico, al que se dedican profesionalmente algunas numerarias y las numerarias auxiliares que hace posible el ambiente de familia que se respira en los centros del Opus Dei.

de hombres a los que se les contrataba para ello y que se conocían como *boys*. Y, por otro, y más importante, porque queríamos ejercitar nuestro papel como madres y hermana mayores de la familia y proporcionar esa unidad de la que tanto nos hablaba san Josemaría.

El Vicario, el abbé Hervás nos entusiasmó con la idea. Pero, a decir verdad, nosotras la veíamos un poco lejos, sobre todo, dadas las dificultades materiales que existían. En esas estábamos, cuando el abbé Hervás, para quien las dificultades contaban muy poco, nos propuso comenzar a hacer las comidas y la lavandería de la residencia de los varones de la Obra. Fue justo lo que nos faltaba: una orientación práctica y concreta. Nos pusimos a trabajar. Así, todos los días, uno de los sacerdotes que vivía en la residencia de los varones junto al resto de profesionales que la habitaban, venía a recoger las canastas con las cacerolas de la comida y la ropa planchada, y nos dejaba la ropa para lavar.

Lo que nos parecía muy difícil al principio, rápidamente, se convirtió en un hábito fácil y un motivo para explicar a muchos el porqué de las camisas de hombres que se secaban en nuestro jardín. Todo esto fue un gran paso en la comprensión de lo que es el Opus Dei, ya que entraba por los ojos. Una "familia", bien unida, en la que hombres y mujeres desarrollan sus apostolados de forma independiente, a 5.000 km de distancia entre ambos, como le gustaba explicar al Fundador. La costumbre la fuimos adquiriendo, poco a poco, y acompañándola de profesionalidad y unos pocos quebraderos de cabeza para encontrar soluciones a la falta de espacio.

En cuanto a los medios de formación para las *mamans* continuaron teniendo lugar en la iglesia de San Francisco de Sales en Kitambo.

Durante estos vaivenes conocimos a Julienne y Justine, que nos presentó a Jackie. La amistad con ellas surgió de manera muy natural. Y con el tiempo ambas se convirtieron en la primera y segunda supernumerarias del Opus Dei en el Congo.

Además, de todo esto, en el año 1985, se vivió otra efeméride, el primer curso de retiro[99] en Kimpese[100]. Para ello, Jacques Ngoy, que estaba en la Dirección de una fábrica de cemento en Kimpese, nos facilitó su propia casa, que en aquellos días no estaba ocupada. Fuimos allí Mari Do y Leti con un grupo de *mamans*, entre ellas Gerardine, mujer de Jacques, Odrad y Philomène, que se convertiría pronto en nuestra intercesora en el cielo.

El curso de retiro fue un poco agitado, pero no impidió que todas aprendiéramos mucho. Hubo tiempo para conversaciones profundas, tomar conciencia de la vocación cristiana y también para divertirse, como durante nuestra cena en casa del director general de la fábrica de cemento. En ella, Leti y Charlotte, ambas muy estrictas en términos de puntualidad, se presentaron en la casa del director a la hora acordada. Pero para su sorpresa, todas las demás, haciendo honor a la reputación femenina, llegaron tarde y muy engalanadas. ¡Qué turbante se puso Gerardine! Parecía

---

[99]. – Forma de definir los "ejercicios espirituales".

[100].- Una localidad situada al sudeste del país, en la provincia de Kongo Central.

una verdadera princesa africana... Y después de la cena, en la que el director de la fábrica estuvo rodeado de ocho mujeres, habladoras, en una lengua francesa que no dominaba. Continuó el retiro, que fue el primer *eslabón* de una larga cadena que perdura hasta hoy. Un sueño llamado Kimbondo, la casa de retiros, tan soñada, para realizar actividades de formación humana y espiritual.

Mientras, continuaban los trabajos de reforma en la casa nueva. Tita se iría convirtiendo en "jefa de obras" muy experimentada. Algo que demostraría más adelante con la construcción de una pequeña rotonda con jardín, que se encuentra en la entrada de la casa, y a la que Odrad la denominó *Rond Point Tita* y para la que la propia Tita siguió de cerca el trabajo de Dizesete, el albañil. Tras terminar los grandes trabajos de construcción, nos fuimos haciendo con la administración directa del resto y los resultados fueron muy positivos. Las obras avanzaban y nos íbamos preparando para la gran mudanza a la casa definitiva. Tras terminar los trabajos de la reforma agradecimos, a Clara y a su marido, el gran servicio que nos habían prestado para alcanzar un sueño: el definitivo centro de Virunga.

Virunga: el final de la trashumancia[101]

Por fin nos instalamos en Allée Verte, 32. Un hermoso número que ha pasado por varias mutaciones y que actualmente es el 29. Allí, el oratorio se fue instalando en diferentes habitaciones porque el definitivo aún estaba en construcción. Pensamos que sería lo suficientemente grande, pero ya lo veíamos pequeño para todos nuestros sueños. De hecho, las misas de Navidad y Semana Santa lo demostrarían, ya que tuvimos que poner sillas, abrir las puertas e incluso así la gente ocuparía los pasillos.

Antoinette y Marcela se unieron a la aventura y 1985 permanecerá grabado en la historia para siempre como el año de los primeros frutos de nuestro trabajo en este hermoso y gran país.

Para algunas, el trabajo se centra en la escuela de hostelería para la que continuamos buscando estudiantes. Estela, con su experiencia de la Chacra, una casa de retiros en Argentina iniciará las gestiones.

También es el momento de dominar el francés. Es un hueso duro de roer, especialmente cuando hay demasiadas personas para hablar y entenderse. Las comidas se convirtieron en verdaderas experiencias lingüísticas. Mari Do hizo el propósito de hablar sólo el buen francés en ellas. Resolución que rápidamente

---

[101].- Recuerdos de Leti.

cayó en el olvido, pero que renovaba fielmente cada domingo. Y por la noche, Estela se daba por 'vencida', ya que como decía, después de las siete le era imposible hablar francés porque tenía los plomos fundidos.

Con todo, avanzábamos en nuestra labor. Conocíamos a personas que se convirtieron en amistades duraderas. Y pensábamos en la venida a nuestra casa del prelado de la Obra, el Padre como lo denominamos, familiarmente. Lo esperábamos con impaciencia. Para ello, Elodie, que trabajaba con la Cooperación española, instaló la sonorización en la terraza de la piscina. Se la oía gritar "José, José estás en onda", lo que llego a ponernos un poco nerviosas.

"La ballena", un Peugeot 509, viejo y cansado, blanco en el pasado, que era el coche de la Cooperación que utilizaba Elodie, recobró cierta juventud en contacto con nosotras y se transformó en nuestro compañero de aventuras. En nuestras idas a Kimpese, para las diversas actividades, era un poco lento, pero eso se debía a su capacidad para llenarse. Todo entraba; nosotras, las maletas y la comida.

Las estancias en Kimpese están hechas de buenos momentos familiares; largas caminatas hacia el Monte de Cristal[102], canciones a pleno pulmón, una piscina donde hacíamos pruebas de velocidad y buceo,

---

[102].- Montes de Cristal es un macizo montañoso de África ecuatorial, al norte del bajo Ogoué. Es una porción de zócalo cristalino formada por altas superficies monótonas, de altitudes comprendidas entre los 700 y los 800 metros y cortadas por ríos muy encajonado. Esta denominación se da a veces a toda la orla de la cubeta congoleña, a ambos lados de la desembocadura del rio Congo (wikipedia.org)

grandes limpiezas, comidas sencillas y bien hechas, aunque siempre las mismas, hechas por Papa Joseph y Papa Bavula. Y de las que hoy, hacemos memoria cuando preparamos los panecillos *"bavula"*, de los que nos dieron la receta, así como el entrante de bananas y cacahuetes o la mermelada de mango verde. Sin mencionar la tarta de pasas y el café; que, según Leti, era inmejorable.

En Kimpese seguíamos con atención el tratamiento de agua, que era el trabajo de la Cooperación Japonesa[103] y comprobamos una vez más que la sonrisa sigue siendo una muy buena forma de comunicación. Al centro de la ciudad íbamos en tren, sentándonos en el suelo con los pies por fuera columpiándolos. Y volvíamos a pie a través de los puentes-liana, hechos de un simple tronco de árbol.

Kimpese también fue lugar para los vuelcos del corazón por las alergias de Tita, que nos obligaron a ir al hospital de Limeté, de los misioneros protestantes suecos. Acudir, a las dos de la mañana, obligadas por las grandes malarias de Isabelle y Tita. Y las numerosas averías del coche en tales andanzas. Íbamos sin chofer, y siempre dos de nosotras como conductoras habituales. Pero las averías nos permitieron tocar la solidaridad congoleña y su disponibilidad para ayudar.

En este sentido tuvimos dos buenas experiencias. Mari Do y Leti regresaban un día a Kinshasa,

---

[103].- A través de la Agencia Japonesa de Cooperación Internacional (JICA), Japón interviene, desde 1970, en varios sectores de la vida nacional en la R.D. del Congo. Sus intervenciones se dirigen a mejorar la educación, la salud y las infraestructuras del país.

decididas a volver a Kimpese ese mismo día. Era un sábado. Salieron por la mañana temprano en un Peugeot 205 rojo. El viaje iba muy bien y según lo previsto, estarían en Kinshasa al final de la mañana. Pero cerca de Madimba[104] el coche perdió velocidad sin ningún motivo aparente. Un rastro de humo blanco las siguió, como la estela de un avión. Y empezaron a avanzar a velocidad de caracol. Se pararon intentando comprender qué pasaba. A ellas, pobres ignorantes en mecánica, se iban acercando personas que les preguntaban, daban soluciones, ofrecían plátanos... Pero el coche estaba sin poder moverse ni querer arrancar.

El tiempo pasaba y se transformó en horas. En estas pasó un todoterreno que se detuvo. Su conductor era Justin, un conocido. Llevaba a dos belgas de regreso a Kinshasa que trabajaban en cooperación. Ante la insistencia del conductor, se pararon para ayudarnos. Empujaron nuestro coche y lo remolcaron con su todoterreno para ponerlo en una pendiente y poder arrancarlo. Y así fue. Nuestros salvadores perdieron bastante tiempo, resultó una bonita ayuda a los *mundeles* o, mujeres blancas en lingala, en dificultades. Aún con la ayuda, los 70 kilómetros de distancia que nos separaban de Kinshasa se hicieron eternos. Pero este incidente nos permitió conocer a un bautizado por el Santo Padre Juan Pablo II cuando era un sacerdote joven, y ver su firma en la tarjeta de bautismo.

Otra buena experiencia fue un día de regreso a Kinshasa con una lluvia torrencial. El camino era un

---

[104].- Es el nombre de un pueblo situado a 70 km de Kinshasa.

río, los agujeros en el asfalto y los bordes estaban cubiertos de agua y el limpiaparabrisas no tenía capacidad para achicarla. La conductora estaba empapada y la copiloto aún más, porque teníamos que llevar la cabeza fuera para ver algo. En medio de esta cortina de agua, un coche nos adelantó. Nuestro asombro no tenía límites. Pero de pronto nos dimos cuenta de que el vehículo se convirtió en nuestro guía para sortear los agujeros y marcarnos los límites de la carretera llevándonos por el mejor camino. Íbamos, lentamente, pero seguras, y mientras tanto la lluvia disminuyó en intensidad. Tras lo cual el guía se despidió de nosotros y se alejó. Nunca conocimos su identidad.

1985 y 1989 fueron años para crecer hacia adentro; se incrementaron nuestras amistades, ampliamos conocimientos y ganamos en experiencia.

Por aquel entonces, el club tenía muchas jóvenes apuntadas. Pero el Campus Universitario exigía nuestra presencia. Y nosotras soñábamos con estar allí.

Zaire: Primeros frutos de una tierra fecunda

Marcela, es la primera numeraria auxiliar del Opus Dei de Angola. Descubrió su vocación en 1985 en la R.D. del Congo viviendo en un campo de refugiados. Actualmente vive en Roma. Y esta es su historia.

Toda persona que pertenece al Opus Dei, así lo cuenta la propia Marcela, tiene su historia. Creo que cada vocación es un milagro, es un don de Dios.

De la noche a la mañana mi familia y yo tuvimos que irnos de Angola al Congo como exiliados, por problemas políticos. Fue de repente. Yo era pequeña y no me enteraba de mucho. El caso es que un día, también tuve que huir al Congo con la llegada del comunismo a mi país, de raíces cristianas y que en zonas como Cabinda, mi pueblo, la inmensa mayoría éramos católicos, gracias a los misioneros portugueses que nos trajeron la fe.

La guerra civil llegó a Angola y cada uno quería defender su territorio. Repentinamente, tuvimos que escaparnos una noche. No pudimos coger el coche, porque la huida generalizada incrementó la vigilancia. El caso es que, aquella noche, yo no sabía por qué, pero empezamos a guardar todas nuestras cosas en el falso techo de la casa y me dijeron que a las once nos escaparíamos. Éramos un buen grupo y llevábamos hasta un guía. Y entre los que íbamos, había gente de mi pueblo y algunos congoleños que vivían cerca y que nos ayudaron a escapar.

Llegamos a Congo, a pie, el día de la Epifanía y allí nos acogieron muy bien. Pronto nos hicimos al país. Por aquel entonces yo tenía menos de diez años, y fuimos a visitar a nuestro tío, que vivía en Congo. Era un arquitecto muy conocido. Con su ayuda intentamos reunir a toda la familia, que, gracias a Dios, es muy, muy grande… casi como un pueblo entero. Queríamos estar todos juntos. Cuando llegamos, aunque estábamos acostumbrados a hacer varias comidas al día, tuvimos que ir reduciéndolas, poco a poco, porque llegaba muchísima gente de Angola donde continuaba la guerra.

Lo primero que hicimos al llegar a Congo fue comenzar a estudiar, porque queríamos formarnos muy bien para volver pronto a Angola y contribuir al desarrollo de nuestra patria. Tuve que aprender el idioma para poder terminar mis estudios. Y en mi cabeza resonaban las palabras de mi tío que nos decía que no podíamos ser ignorantes.

Me acuerdo que un día, mi tío, que ya está en el cielo, y que era muy optimista, nos dijo con mucho cariño: "Dios no nos ha abandonado y cuando regresemos a nuestro país estaremos mejor que antes". Nos lo dijo porque no quería que pensáramos que Dios tenía la culpa de lo que nos estaba tocando vivir.

A veces, también nos decía: hoy vamos a comer

poco porque hay que ayudar a mucha gente, pero está prohibido quejarse, y, otros días, en cambio nos comentaba: hoy se puede comer doble porque Dios nos lo ha dado y hay que agradecérselo. También teníamos encargos. Yo decía: ¡Voy a ser ministro! Lo pensaba porque nos explicaban lo que estaba pasando con la guerra y yo quería ayudar a sacar adelante a mi país.

Como la situación iba empeorando, y había mucha gente que estaba sufriendo, de nuevo, acudieron a la ayuda de mi tío. Como resultado tuvimos que irnos a vivir a un campo de refugiados. Nos lo explicaron todo y nos hicieron ver la necesidad de trasladarnos allí para ayudar.

El campo era enorme. Aunque teníamos ayuda de algunas organizaciones como la ONU o Cáritas, la vida allí no fue fácil. Un día, llegaron unos camiones con gente en los que había muchos niños, sin sus padres, con el vientre muy hinchado. Para evitar asustarnos ante la situación, nos explicaron que no era nada contagioso y que esos niños no comían bien, por lo que se les hinchaba el vientre.

En el campo nos organizamos muy bien y pudimos animar a mucha gente. Teníamos escuelas e iglesias para rezar. Y en las clases, donde había pizarritas pequeñas, aprendíamos muchas cosas de memoria. Además, también recibíamos clase de catecismo y cada uno teníamos nuestro encargo. Eran cosas como hacer fuego y calentar la leche o calentar agua y dar de comer a los niños y a la gente mayor. Me impresionó ver que muchos de los niños, cuando empezaban a comer después de meses en ayunas, volvían a sonreír. Es verdad que también murieron muchos de ellos. Nos dijeron en el campo que sería bueno bautizar a estos niños, porque no se sabía si lo estaban o no. Con todo lo que hicimos muchos salieron adelante.

Los años fueron pasando. Yo tenía ya doce. Como en el campo teníamos de todo: médicos, enfermeras, ingenieros de diversas especialidades, etc., nos organizamos para seguir estudiar. Eso nos permitía poder presentarnos a los exámenes en Kinshasa y obtener una beca para acceder a estudios superiores.

Recuerdo que las mujeres del Opus Dei llegaron a Congo en 1982. Por aquel entonces, yo seguía en el campo de refugiados. Y mi prima Marta, la hija de mi tío el arquitecto, que ahora es monja, estaba en Kinshasa terminando sus estudios de secundaria, para después hacer sus exámenes y continuar sus estudios superiores. Y recuerdo también que una de las mujeres del Opus Dei fue a la escuela y preguntó si había alguna chica que quisiera trabajar con ella ayudando en las tareas domésticas como interna. Mi prima Marta pidió permiso a sus padres y se fue a vivir con las que habían llegado del Opus Dei a Congo.

Como estaban encantadas con ella, le preguntaron si conocía a otras chicas. Ella les contó que vivía en un campo de refugiados, no sé qué es lo que pensaron en ese momento, pero decidieron visitar el campo para conocer a sus padres y poder explicarles qué es el Opus Dei. Y mi prima les habló de mí, aunque les dijo que a mí no me iba a gustar irme a vivir con ellas, porque yo tenía mis planes. Así que un día, llegaron con mi prima dos numerarias, creo que eran Leti y María Dolores, pero no me encontraron, porque yo estaba con mi padre y haciendo mis cosas. Aquel día, yo las vi desde lejos en el coche.

Mi prima Marta me contó que vivía con unas mujeres que parecían monjas, pero que no lo eran, porque se vestían normal, incluso se pintaban, pero que toda su vida era para Dios. No sé lo que son, me explicaba, pero sé que no son monjas. Son gente buena, católicas, quieren al Papa y todo eso...

Cuando volví y fui a casa de mi tío, él me lo contó todo. Que unas mujeres habían estado aquí con Marta y que le habían explicado el Opus Dei. Mi tío estaba muy contento, y esa misma tarde se leyó Camino[105], que le gustó mucho. Se le veía entusiasmado con el mensaje del entonces Siervo de Dios Josemaría Escrivá. Tanto que hablaba a todo el mundo de su mensaje.

En esas mujeres él veía gente muy normal y cosas muy buenas. Es lo que necesitamos, decía. Y nos dio una estampa del hoy san Josemaría Escrivá. Yo me aprendí la oración de memoria, aunque no pensaba que fuera para mí. Y la rezaba, al igual que rezaba, el

---

[105].- Camino es un libro escrito por Josemaría Escrivá de Balaguer, fruto de su labor sacerdotal, iniciada en 1925. Su primera edición se publicó en 1934 en Cuenca (España) con el título de *"Consideraciones Espirituales"*. La segunda, realizada en Valencia, en 1939, es un libro notablemente ampliado, con el nombre de *Camino*. Desde entonces se ha difundido con un ritmo sostenido y progresivo, del que se han imprimido más de cinco millones de ejemplares en más de 50 idiomas (https://www.escribaobras.org)

Rosario, en el campo de refugiados y, en casa de mi tío. Le pedíamos ayuda a la Virgen de Fátima. Y también lo hacía a la Virgen, los sábados, en las instalaciones del movimiento de la *"Legión de María"*, que había en el campo y a la que yo no pertenecía.

Mi encuentro con las mujeres de la Obra llegó el día que tenía que ir a Kinshasa para presentar mis exámenes en el Colegio Portugués y poder seguir estudiando. Allí encontré a Leti, que era profesora de matemáticas. Fue muy amable. Como había visto mi apellido, me preguntó si conocía a Marta y me hablo de mi tío. Entonces pensé: sabe demasiado, pero no caí en la cuenta de que vivía con Marta.

Todo fue muy bien en mi visita a Kinshasa, y cuando volví a casa otro de mis tíos me dijo que quería ir a visitar a Marta porque hacía tiempo que no la veía. Así que un domingo fuimos a verla y cuando entré en la casa lo vi todo muy limpio. También había una habitación con un Sagrario. Me acordé de mi Primera Comunión en Angola. Y de cuando, durante la preparación para recibir al Señor, por primera vez, me habían explicado que en esa cajita está Dios. Ya había pasado mucho tiempo desde aquello.

Al ver a mi prima, que llevaba un año con ellas, le pregunté: Marta, ¿vives aquí? ¡qué suerte tienes! Además, ¡tienen oro! Se lo dije porque los candelabros del oratorio eran dorados, y yo nunca había visto una Iglesia en la que se cuidaba con tanto cariño a Dios. Había también una alfombra… Yo no dejaba de decirle: ¿cómo era posible que vivas en un sitio donde se quería tanto a Dios? ¡Qué suerte! ¡Me gusta mucho!

¡Qué impresión me causaron las mujeres de la Obra! Y como mi prima y yo éramos muy amigas, nos retiramos para hablar. Me dijo: mira Marcela, son muy católicas, muy limpias y me quieren mucho, pero, yo no entiendo qué tipo de monjas son. Lo vas a ver porque hoy viene el sacerdote, siempre van dos de ellas para acompañarlo. Lo hacen por prudencia. Son muy delicadas. También me conto muchas cosas buenas, aunque también me dijo que había una cosa que no le gustaba, y es que ellas dicen que no tienen vacaciones. Ya ves que son muy normales. Se visten normal y se pintan, aunque toda su vida sea para Dios. A mí todo eso me gustó.

Después de un rato, Mari Do vino a buscarme con Leti y me preguntaron si quería ver una película de san Josemaría. Eran muy apostólicas. En el vídeo salía todo explicado y distintas iniciativas apostólicas impulsadas por gente del Opus Dei, como, por ejemplo, *Kianda College*,[106] en Kenia, y pensé: Esto me va a venir muy bien para cuando sea ministro. Podría organizar iniciativas como esta con mi gente, en mi país, cuando vuelva.

Cuando terminamos, Mari Do y Leti me dijeron que querían organizar algunas actividades en los meses de verano y me preguntaron si quería pasar con ellas esas vacaciones. Yo no había terminado mis exámenes, me faltaba diseño, y tenía pensado decirle a mi tío el arquitecto que me diera unas clases para poder

---

[106].- Kianda College fue el proyecto piloto de la Fundación Kianda, establecido en 1961 como una institución de estudios de secretariado y empresariales. Se convirtió en el primer colegio multirracial de su tipo en la Kenia pre-independentista (kiandafondation.org)

presentarme. Leti me preguntó si tenía algún inconveniente y cuando le comenté lo que había pensado para el verano, me dijo que ella podía pedirle a alguna alumna del Colegio Portugués que me ayudara con el diseño mientras estaba con ellas. Yo no estaba muy convencida. Tendría que hablar con mi padre antes de tomar una decisión.

El mismo lunes vi que habían llegado al campo de refugiados Mari Do y Leti diciendo que venían a buscarme. Mi tío que era muy bueno me dijo que no me preocupara y si quería podía irme con ellas, que él se encargaría de hablar con mi padre. La verdad es que estaba muy contenta porque iba a vivir con Marta, mi prima.

Llegué a la Avenida Kananga. Lo primero que hice fue ir de nuevo al oratorio, me gustaba mucho. Después me dieron algunos encargos y seguí estudiando para mis exámenes. Un día, estudiando latín, Hortensia, una numeraria española que daba clases en el colegio, me preguntó qué hacía, porque me vio que repetía todo de memoria sin entender mucho. Fue entonces, explicándole dónde había estudiado, cuando me di cuenta de que yo tenía una historia. Mi colegio, mi familia, mi país… Aunque la verdad yo no hablaba mucho de ello.

Al cabo de un tiempo, mi prima se puso enferma y volvió al campo de refugiados. Yo me quedé. Por entonces vinieron dos chicas más, pero se fueron porque dijeron que el trabajo no les interesaba. No querían aprender nada relacionado con los trabajos del hogar. Me quedé yo sola de nuevo.

Las numerarias estaban muy pendientes de mí y su cariño me ayudó mucho a sentirme como en casa. La verdad es que me cansaba mucho, porque no estaba acostumbrada a tener un horario exigente al trabajar y estudiar. Estudié mucho, muchísimo, y también rezaba. Rezaba mi Rosario, pero a escondidas, porque pensaba que si alguna de las numerarias me veía iba a pensar que yo podía ser como ellas.

La verdad es que me impresionaba mucho verlas. Había una numeraria que había venido de México, Yoya, y que no hablaba francés. Veía cómo se iba al Campus Universitario para conocer gente. Me decía, para mis adentros, ¡son demasiado buenas! Tiene que haber algo más. Y aunque yo no soy muy curiosa, veía cómo vivían y aunque hubiera cosas que no entendía, tampoco preguntaba. Como me trataban muy bien, me veía como una más. Hasta que un día, me decidí a investigar quiénes eran y por qué estaban aquí.

Poco a poco me explicaron el Opus Dei, como podía hacer apostolado, crecer en mi relación con Dios, etc. Y aunque no entendía mucho, veía que era algo bueno. Creo que llegó un momento, en el que, aún sin saberlo, empecé a pensar en la vocación al Opus Dei. Mis amigas y la gente que me conocían me decían: tienes que volver con tu familia, que te están explotando. ¡No era verdad! Yo seguía estudiando y seguían ayudándome. Además, estaba muy a gusto así, aunque es verdad que teníamos mucho que hacer en la casa y, en breve, nos iríamos a vivir a otra pues el alquiler era muy caro.

Recuerdo que un día se me olvido traer los trapos de limpieza, que era mi encargo, y eso impidió que pudiéramos hacerla. Mari Do me corrigió y entonces comencé a pensar que no era mi sitio. Me fui a hablar con Yoya y le pregunté por qué estaba aquí. Ella me explico qué es la vocación al Opus Dei y le pregunté si yo también tenía vocación porque estaba con ellas. Me respondió, con mucho cariño, que yo no era del Opus Dei, que para ser del Opus Dei hay que tener vocación. ¡Ahora lo entendía! Ellas, pensé, podían con todo eso porque tenían vocación y yo como no la tenía, me cansaba mucho. Además, habían venido a Congo y como yo tengo que volver a Angola, mi país, no puedo tener su misma vocación.

¡Qué equivocada estaba! Yo tenía algunas amigas a las que les había hablado de la escuela de hostelería que se quería poner en marcha y donde aprenderían los trabajos del hogar. Ninguna estaba interesada. Por un lado, me decía: en cuanto encuentren a alguna chica me voy. Por otro, me daba pena dejarlas. ¿Y si les pasaba algo?

El tiempo iba pasado. Yo llevaba viviendo con ellas un año y medio. Me enteré de que había un grupo de mujeres del Opus Dei que vendrían desde Kenia para ayudarnos a sacar adelante las tareas del hogar, ya que ese era su trabajo profesional. Un día, el sacerdote me pidió que rezara por este grupo de mujeres que iban a venir y me explicó qué es una "numeraria auxiliar". Yo rezaba por ellas y pensé que en cuanto llegaran, podría irme. Cuando llegaron no me fui.

En aquella casa, todo era muy familiar y me

sentía una más. Me hablaban de muchas cosas y de gente, que, aunque no conocía, estaban rezando por mí. Me impresionó mucho. ¿Cómo puede rezar por mí alguien que no me conoce? Aquí hay algo más que no sé qué es, pero me gusta. Desde entonces comencé a tener más devoción a san Josemaría y me acordaba de la película que había visto.

Ya llevaba dos años con ellas. Escribía a mi familia para contarles cosas y que estaba muy contenta. Les decía que las numerarias eran muy buenas y que me estaban ayudando mucho. Cuando presenté mi último examen, el director del Colegio Portugués, me preguntó qué me gustaría hacer porque tenía una beca y podía irme a estudiar fuera. No sabía qué hacer, no quería irme, pero mi familia no quería que desaprovechara esa oportunidad.

Una noche, en la que todo esto rondaba mi cabeza, soñé con san Josemaría, con esa cara que había visto en la película, que me decía: "yo te necesito". En general los sueños tienen mucha importancia, y más en África De hecho, recuerdo que en casa, había un libro en el que se explicaba el significado de los sueños, y que estos nos dicen muchas cosas.

Me levanté y me dije: ¡Dios mío, la vocación! Pero nunca me imaginé que pudiera tener vocación al Opus Dei. Yo me veía como ministro en mi país. En esos momentos se estaba matando a mucha gente en Angola. Pensaba que tenía que volver a mi país.

Me propuse indagar y preguntar a algunas de las que vivían en el centro ¿cómo habían sabido que tenían vocación al Opus Dei? Estaba inquieta y seguía dándole vueltas a lo que había soñado. Por entonces vino a verme mi tío el arquitecto, que tenía que realizar algunas compras, y aproveché para contárselo todo. Le dije que quería ser del Opus Dei. Y él me comentó que lo tenía que hablar con mi padre. A lo que le respondí que mi padre no rezaba mucho, y que, además, era algo urgente. Veía que Dios me necesitaba y quería decirle que sí. Quería que fuera el 13 de mayo que estaba muy cerca. Mi tío me dijo: mira Marcela, yo no estoy en contra, pero si quieres ser del Opus Dei, porque ahora estas bien, no olvides que nosotros vamos a volver, y que Dios nos devolverá tres veces más lo que hemos perdido, porque nosotros no hemos querido esta guerra.

Él insistió, piénsalo bien. Yo le dije que no era por el hecho de estar bien. Que quería mucho a mis padres y que sabía que tenían puestas en mi todas sus esperanzas pero que había visto que Dios me necesitaba. Entonces, mi tío me dijo que, si era así, era una bendición de Dios y que, si decía que sí, era para toda la vida. Además, sería una bendición para toda la familia. Pero que tenía que saber que las dificultades llegarían y que habría cosas que me iban a costar. Que no podía decir que sí, y, luego echarle la culpa a las circunstancias en las que me había decidido si no era fiel. Si no, sería una maldición para la familia que sufriría viéndome y yo no tendría nunca paz. Le dije que estaba decidida y le pedí su bendición. Es decir, que apoyara mi decisión y que rezaría por mí. Estaba muy emocionado. Me dijo que hablaría con mi padre. Acabamos las compras y volví al centro.

Rápidamente busqué a la directora que en ese momento era Mari Do. Llegué y le dije si podíamos hablar. Le comenté que pensaba que tenía vocación y que si podía quedarme con ellas. Además, ya había hablado con mi tío, que ya sabía que el día 13 de mayo iba a ser del Opus Dei. Mari Do, me dijo que no me precipitara, que había que ver las cosas con calma.

Pasaron los días. Yo seguía teniendo mi meditación cada semana. Pensaba: ¡qué fe y qué perseverancia las de estas mujeres! Porque, aun siendo una sola, no han escatimado esfuerzos y me han soportado dos años. Yo también tengo mi carácter, me cansaba del trabajo y me quejaba. Siempre fueron muy cariñosas conmigo y muy comprensivas. Me cuidaban, como lo hace una madre y por eso las quería, las sentía como mi familia de sangre, no sé cómo explicarlo debía ser también la vocación.

Un día, después de la meditación, en la que el sacerdote habló mucho de vocación, era el 12 de mayo, Mari Do me preguntó si seguía decidida a ser del Opus Dei. Yo le dije que sí, pero el día 13 que es el día de la Virgen de Fátima. Mari Do me dijo que a Dios no se le hace esperar, si tú quieres, hoy puedes ser del Opus Dei. Me preguntó si sabía qué tenía que hacer, y yo le dije que quería ser como Filomena, dedicarme a las tareas del hogar para cuidar de las personas del Opus Dei, ser como una madre para ellas.

Mari Do me explicó, que tenía que escribir una carta al prelado del Opus Dei, que en ese momento era don Álvaro del Portillo[107], pidiendo la admisión como

---

[107].- Beatificado en Madrid, el 27 de septiembre de 2014.

numeraria auxiliar en el Opus Dei. Me dijo que podría escribir en portugués y que le contara un poco de mi familia. Así que, finalmente, el 12 de mayo pedí la admisión en el Opus Dei como numeraria auxiliar, sería la primera, aunque angoleña.

Tras la decisión empezaba una nueva etapa en mi vida. Porque, aunque aparentemente la vida seguía su ritmo habitual, pensaba en cómo iba a explicárselo a mi madre y al resto de la familia. Yo sabía, que, aunque les costara, tenían todas sus esperanzas puestas en mí, y que, como son muy buenos, lo entenderían. Me quedé tranquila.

Al poco tiempo fui a ver a mi familia. Sabía que tenía que hablar, en primer lugar, con una de mis tías, que podría reconfortar a mi madre cuando me fuera. Le dije que ya no tenía vacaciones y que toda mi vida era para Dios porque tenía vocación. No entendió mucho, para ella la única vocación posible era la vocación a la vida religiosa. Pero yo no le hablaba de ser monja. Tras mi marcha supe que todo el mundo intentaba convencer a mi padre de que se estaban aprovechando de mí. Que mi padre les dijo que yo no era tonta y que, si pensaba que ese era mi camino, él confiaba en mí y respetaría mi decisión.

La primera vez que hablé de mi llamada a la Obra fue a mi tía. Poco después volví al campo de refugiados, esta vez con Mari Do, y otra numeraria, para hablar con mis padres y explicárselo todo. Mi padre no entendió mucho de todas las explicaciones, pero me cogió aparte y me dijo que, sólo viendo las caras alegres y limpias de estas dos mujeres, me doy cuenta de que lo que has elegido es algo bueno, y que si estaba segura de que era eso lo que quería y no ser ministro, como había soñado desde siempre, él lo aprobaba.

Le dije que tenía vocación, y que era eso lo que quería. Ahora tenía una nueva familia, como la nuestra, y que estaba feliz. Me dio su bendición y me dijo que ahora el Prelado era mi padre y que él dejaba a su hija en sus manos. Que ahora tenía que obedecer y ser muy fiel en el camino que había elegido. Que siempre que lo necesitara él estaría a mi lado, pues seguía siendo su hija.

Mi madre solo miraba y lloraba. Yo le pregunté si era sufrimiento o emoción de la buena. Ella me dijo, que, aunque le costara que me fuera, estaba contenta. Y entonces, siguiendo la tradición de guardar una cosa de mucho valor que se entrega a las generaciones futuras, fue a buscar un vestido que había guardado para el día en el que me casara y se lo entregó a las dos numerarias, que me acompañaban, para que vieran que yo me iba también con su bendición.

Al año siguiente, mis padres volvieron a Angola y poco después mi padre murió. Mi madre todavía vive. Nos escribimos con frecuencia y yo he hecho algún viaje para verla. Tenía 81 años y hace poco me escribió diciendo que se había trasladado a vivir a la finca de cacao de la familia. Me dijo que quería estar en forma el día en que el Opus Dei fuera a Angola.

En mis años en Roma, siendo don Javier Echevarría el Prelado de la Obra, él siempre me animó a rezar por el futuro trabajo apostólico del Opus Dei en Angola. Una vez me dijo algo así: "Aunque fuera sólo por ti, me gustaría que se pudiera empezar en Angola. Lo estoy estudiando, pero la situación de la Iglesia en ese país no es buena. Hay que seguir rezando". En ese momento, cuando me dijo "sólo por ti", entendí, que el Pelado es verdaderamente padre y que yo me sentía hija predilecta suya.

Soltar amarras[108]

¡Qué gran noticia! Nos íbamos a instalar cerca del Campus Universitario. Y, nuevamente, nos pusimos a buscar casa. Pero esta vez con una perspectiva muy diferente. Porque no sería como otras veces y con asombro de los comienzos. Ya éramos, *"kinoises"*[109] perfectas. O, casi. Tras diferentes vicisitudes, finalmente, teníamos casa a la vista, que, además, pertenecía a Mama Pinga, con quien Mari Do trabajaba en la Fundación Mama Mobutu.

Leti, Isabelle, Elodie, Antoinette y la más joven de la familia, D'Jo, irían a Righini[110]. D'Jo comenzaría Medicina y Antoinette se preparaba para terminar Derecho. Estábamos en el cielo, tanto las que se iban como las que se quedaban en Virunga. Empezamos a calcular el tiempo que nos llevaría llegar al trabajo, preguntamos a los amigos qué podrían darnos para comenzar el segundo centro de mujeres de la Obra. Porque compartir entre dos centros todo lo que teníamos, no daría mucho, ni para unas, ni para otras. No se trataba de "desvestir a un santo para vestir a otro", como decía Tita.

Astrid nos prestó unos sofás, que se utilizaría durante mucho tiempo, hasta que pudimos comprar otros que los remplazaran; muy simples, de mimbre, y que se vendían en puestillos a lo largo de la carretera.

---

[108].- Recuerdos de Leti.
[109].- Ciudadano de Kinshasa.
[110].- Barrio cercano a la Universidad UNIKIN.

Una vez más, los "portugueses"[111] nos ayudaron a hacer reparaciones muy necesarias y urgentes en la nueva casa. Pudimos descubrir el talento de Flory, un joven que buscaba trabajo, y que, en honor a su nombre, estaba decidido a convertirse en jardinero, a pesar del hecho de que, aunque le gustaban las plantas, no sabía mucho del oficio. Sin embargo, logró hacer maravillas con los arbustos que dejó el antiguo inquilino; un joven francés al que le encantaban los caracoles a juzgar por la cantidad de conchas que encontramos en todo lo que pudiera considerarse un armario.

Todo estaba listo, o casi, y nos trasladamos ese pequeño grupo, el último día de abril de 1988, a la avenida Bakole, dispuestas a todo. Empezamos por darle a la casa un aire familiar y tratar de convertir los arbustos en un jardín.

Nuestro mayor dolor era la habitación que serviría para el oratorio. Tardaba en estar lista. Una vez terminada podría recibir al Señor[112]. Era, pues, necesario eliminar los restos que los obreros habían dejado, preparar los ornamentos y revestir el altar. Nos faltaba de todo, pero estábamos seguras de que lo lograríamos. Desafortunadamente ese día no pudimos terminar, pero fue al siguiente. ¡Qué alegría! Él estaba allí.

Isabelle y Leti bajaban a trabajar todos los días, tratando de descubrir atajos. Por la Avenida de la

---

[111].- Conocidos de Leti, que como ya se ha dicho, era profesora de matemáticas en el Colegio Portugués.

[112].- Jesucristo presente en la Sagrada Eucaristía.

Universidad llegaban bastante rápido y, además, el recorrido era bonito, especialmente a primera hora de la mañana. Poco después, comenzaron las actividades para estudiantes: fines de semana de estudio, reuniones familiares, retiros, cursos técnicos de estudio etc. Conocimos a nuevas jóvenes. Venían como las cerezas, unas junto a otras: Annie, Esther, Katy, Mujinga, Pascaline...

Llegaron algunas estudiantes de Camerún y Costa de Marfil. Nosotras soñábamos con cualquier contacto para posibles intercambios profesionales panafricanos. ¡Era fácil soñar! Pero lo más bonito es ver, a medida que pasan los años, que esos sueños se hacían realidad. Así, por ejemplo, el famoso curso de formación de 1992, donde camerunesas, marfileñas y congoleñas trabajaron juntas. O ese maravilloso curso de formación para administradoras que impartiría Marie Louise, de Costa de Marfil, en 1998.

Pero volvamos a las idas y venidas al Campus Universitario, que se convirtieron en algo habitual. De hecho, el Campus ya no tenía secretos para nosotras. Terminaba 1988 y comenzaba 1989. Y nosotras, sin sospechar el inmenso regalo que ese año nos traería la visita del Padre, don Álvaro del Portillo.

En cuanto a la casa, hicimos algunas mejoras, que nos servían a nosotras para ser mejores y, contar con más experiencia. Nos convertimos en *"kinoises"* refinadas. Además, los caminos ya no nos suponían pinchazos, desviaciones incómodas o encuentros con disturbios de estudiantes. Nada podía quitarnos la paz.

Junto a esto, contábamos con los *"kinois"*, siempre dispuestos a ayudar. Venían en nuestro auxilio en cuanto se presentaba una situación difícil. Un día, bajando a trabajar muy temprano a la ciudad, cuando esta apenas comenzaba a despertarse y había poco tráfico y pocos peatones, tuvimos un pinchazo.

Poco dadas a la mecánica, allí nos quedamos, mirándolo. Y para colmo, la rueda de repuesto estaba sujeta con una cadena y un candado y no encontrábamos la llave del candado, que no estaba junto con las llaves de contacto. En estas, un joven se acercó para ayudarnos a cambiar el neumático. Pero frente al candado sin llave, nos dijo que esperáramos a la apertura del *"quado"*, una especie de cuchitril donde se reparan e hinchan los neumáticos, que estaba enfrente.

Nos quedamos tranquilas y dábamos gracias a san Josemaría por que el pinchazo se produjo junto al mencionado *"quado"*. De repente, un coche se paró y de él salió un hombre enorme. Su puerta se cerró de golpe y allí, a nuestro lado, sonriendo, dijo: "Hola. Un pinchazo, ¿verdad? No sé cómo cambiar el neumático, pero me quedaré hasta la apertura del *"quado"* para que estéis apoyadas moralmente". No salíamos de nuestro asombro. Muy correcto, sin molestar, allí se quedó. Tan pronto como el *"quado"* vino en nuestra ayuda, arrancó el coche y se fue saludándonos.

Otro día, Leti bajó a la ciudad para ir a la Universidad, también muy temprano. A la vuelta se quedó bloqueada por un grupo de estudiantes exaltados. Fue rescatada por otros que la guiaron, uno a cada lado del coche, hasta un sitio más tranquilo.

En otra ocasión Isabelle, experimentada en las tormentas, quedó con su coche nadando en los "lagos" que se formaban en la Avenida de la Universidad. Por su parte, Elodie era especialista en las desviaciones por caminos desconocidos. Todo lo que nos pasaba nos servía para aprender, y una vez superados los miedos, convertirlos en risas.

El curso avanzaba y las vacaciones para los estudiantes de secundaria se acercaban. Pero el Campus no avanzaba a causa de la situación de inestabilidad y convulsión social que reinaba en ese momento. Sin embargo, nos llegó una gran noticia: el Padre vendría a visitarnos. ¿Qué mejor noticia podíamos escuchar?

El Padre en Zaire[113]

El avión que traía al Padre, hoy beato Álvaro del Portillo, procedente de Suiza, aterrizó en el aeropuerto Ndjili, de Kinshasa, a las diez menos veinte de la noche del martes 22 de agosto del año 1989.

Durante su estancia en estas tierras, el Padre tuvo la oportunidad de vivir diversos encuentros con las personas del Opus Dei, también con las que acuden a los medios de formación en centros de la Obra, así como con conocidos y amigos. Recogemos a continuación algunos relatos de cómo fueron esos encuentros de familia, que tocaron el corazón de muchos zaireños.

Cuando resonaba con fuerza el canto previsto para el recibimiento, nos levantamos: el Padre acababa de entrar por el fondo de la sala. Los pañuelos blancos se agitaban al ritmo de la siguiente canción: *Nzambe aponi yo osalela ye. Na nzoto mpe na motema mwa yo mobimba.*

- "Dios te ha escogido para servirle, con todo tu corazón y con toda tu alma".

Mientras avanzaba por el pasillo central, Kathy le mostró su bebe, la pequeña Michèlle, y el Padre la besó y bendijo. Eran numerosas las pruebas de cariño del Padre y de los presentes.

---

[113].- Cfr. Catequesis del Padre 1989.

- "Hijos míos", empezó diciendo, "estoy muy contento de estar con vosotros. Os agradezco mucho esta acogida tan cariñosa. No hacéis más que corresponder, porque desde hace ya muchos años tengo puesto mi corazón en el Zaire".

"Cuando se vio conveniente ampliar la labor del Opus Dei en esta parte de África, pensé enseguida en vuestra tierra y lo encomendé mucho a Nuestro Señor. Se empezó como se comienzan todas las cosas de Dios: sembrando una simiente pequeña que, al caer en tierra fértil, acaba por convertirse en un árbol frondoso. Así está sucediendo con la Obra en este país".

Se veía, cuando hablaba, cómo el Padre tenía puesto su corazón en África y se manifestó de un modo u otro a lo largo de aquellos encuentros.

Un padre de familia numerosa, bastante conocido en Kinshasa, fue el primero en intervenir. Con su pregunta se hizo portavoz de todo el auditorio.

- Padre, muchas gracias por haber venido a Zaire. Hace ahora nueve años que, gracias a usted y a la intercesión de nuestro Padre, la Obra ha llegado a nuestro querido país. Yo quisiera que usted nos explicara la finalidad del Opus Dei.

Fue la ocasión de escuchar, de un tirón, una síntesis de la Obra, de labios del Padre.

- "La finalidad del Opus Dei", dijo, "es recordar a los cristianos que todos pueden y deben ser santos. Mucha gente concibe la santidad como algo reservado a pocos: a algunos sacerdotes, a los religiosos y religiosas… ¡Y no! Dios quiere que todos seamos santos, y para eso ha enviado al mundo a su Hijo Jesucristo, que ha muerto clavado al madero de la Cruz para que todos podamos entrar en el Cielo, para que todos sean santos…

¿Y dónde hemos de santificarnos? Cada uno en el lugar donde el Señor lo ha colocado: trabajando como médico o como campesino, como ingeniero o como enfermera, como madre de familia. Cada uno ha de encontrar a Dios en su lugar de trabajo. No podemos ser cristianos de fin de semana, sino cristianos de día entero, en todo momento, porque Dios es siempre nuestro Padre, no solamente los domingos.

Así que hemos de acordarnos de Él en todo momento. Y como tenemos que trabajar para comer y para vivir, y el trabajo llena la mayor parte de nuestras jornadas, ahí hemos de encontrar a Dios, buscando su presencia y ofreciéndole una tarea bien acabada, bien hecha, lo mejor que podamos. Si queréis un consejo, acostumbraos a poner vuestro trabajo en manos de la Santísima Virgen, para que ella lo ofrezca a su Hijo. De este modo, la tarea profesional y la vida entera se convertirán en oración y en ocasión de unión a Dios. Este es el mensaje de santidad que difunde el Opus Dei".

- ¡Padre! Era la voz de otra persona que hacía una pregunta. Aquí estamos habituados a que las labores apostólicas salgan adelante gracias a la ayuda del exterior. Nosotros los zaireños somos un poco pasivos. Yo soy uno de los promotores de los clubes que permiten hacer este trabajo apostólico. ¿Cómo puedo hacer comprender a mucha gente, quizá entre los que están aquí, que su cooperación es necesaria?

¿Cuál sería la resonancia de esta pregunta, en el corazón de gente tan heterogénea? Porque el porcentaje de jóvenes era elevado: unos procedían de familias acomodadas; otros con escasos recursos económicos. Entre los adultos, había hombres de empresa, intelectuales, políticos, obreros funcionarios... Todos fueron interpelados por las palabras del Padre, que nos animaban a ser generosos con el Señor, que es siempre buen pagador:

- "Hijos míos. Dios es tan bueno que quiere contar con vosotros para hacer el bien en el mundo. No basta la ayuda del exterior, sino que espera la vuestra".

Señaló que lo que más cuesta se aprecia más, y añadió: "Por otra parte, Iglesia somos todos; no solo los misioneros o las personas que han venido del exterior. Sois vosotros mismos, los zaireños, quienes debéis evangelizar vuestro país. Ya lo estáis haciendo, pero es preciso buscar también los medios humanos necesarios. Los hombres y las mujeres no somos angelitos, sino seres de carne y hueso, con necesidades materiales que hay que subvenir. Alguna ayuda puede venir de fuera, y es justo que sea así, pero hace falta sobre todo que echéis una mano los que vivís aquí...

Piensa en el óbolo de la viuda. Aunque mucha gente sólo pueda dar un poquito, si dan lo que pueden, ante Dios es como si hubiesen ofrecido un tesoro de muchos millones de dólares o de zaires. Aunque sea poco, hijo mío, conviene que la gente del lugar ayude en las labores, porque así considerarán el apostolado, el servicio a Dios, como algo propio. ¿De acuerdo?".

- Conocí el Opus Dei en 1985, por medio de uno de sus hijos, dijo, por fin, el marido de Charlotte. Quería decirle que mi familia y yo estamos muy agradecidos a Mons. Escrivá de Balaguer por todos los favores que nos obtiene. Durante dos años, desde 1985 a 1987, estuve muy enfermo y me tuvieron que trasladar a París. En ese tiempo no cesé de rezar la estampa de Mons. Escrivá de Balaguer pidiendo mi curación. Después de un mes de tratamiento, aunque me encontraba peor, los médicos dieron el alta. Volví a Zaire, pero me encontraba peor que antes. Abandoné mi suerte en Dios y seguí rezando. Hoy, aquí me tiene, con la alegría de vivir, pues la enfermedad ha desaparecido. Padre, ahora que Dios me ha devuelto la salud siento que Él me pide que yo sea útil a los demás. El Zaire, mi país, es muy rico; nosotros rezamos para que los que tienen riquezas, piensen en remediar la miseria de sus compatriotas. ¿Qué podemos hacer, además de rezar, ante una situación semejante? Muchas gracias, Padre, por sus oraciones y su cariño por el Zaire.

El Padre habló de la importancia del trabajo para la santificación personal y para el desarrollo de la nación. Tras aclarar que no estaba hablando de temas políticos, sino religiosos y morales, continúo:

- "Lo primero que se requiere para mejorar las condiciones de vida de la población es facilitar a la gente un trabajo. Y para eso hace falta enseñarles a trabajar; no solamente en el Zaire, sino en todo el mundo. (...). Hay que aprender a hacer el bien; es decir, no basta con querer hacerlo. No basta con querer trabajar, sino que es preciso aprender a trabajar. Para esto, pienso que es necesario formar *"les cadres"*[114]: una clase media que trabaje en las obras públicas, en la industria, en el comercio..., de modo que se vaya elevando el nivel de vida de la nación...

Todos hemos de ganarnos el alimento con el sudor de nuestra frente. Y para eso, es menester formar bien a la gente en las escuelas y después en la universidad. Así se creará una clase dirigente, que ya existe, pero será cada vez más eficaz. Pero ¿basta con que haya una clase dirigente eficaz? No, no es suficiente. Además, es preciso que la clase dirigente piense en el bien común, de tal manera que las riquezas que se obtengan se inviertan en el desarrollo del país y vayan en favor de muchas otras personas. Hace falta una gran honradez en quienes manejan los medios económicos. Para eso vamos a rezar también".

- Padre, si usted estuviera delante de un grupo de jóvenes de este país, comentó Justine.

- "Estoy delante de un grupo de jóvenes de este país –contestó el Padre–. Sois todos jóvenes. Yo me siento y soy, muy joven, aunque tenga setenta y cinco años. Todos me parecéis niños, y tú, concretamente, hija mía, me pareces una niña".

---

[114].- Expresión que se refiere a una persona de referencia, en el mundo del trabajo.

- Si estuviera delante de un grupo de gente joven, continuó Justine, ¿Qué mensaje les transmitiría sobre la Obra?

- "El mismo mensaje que a la gente mayor y que a la gente más pequeña. Daría ese mensaje de modo adaptado a la mentalidad de cada persona que me escuchase, pero el mensaje es único. El mensaje del Opus Dei es el que he dicho antes: que Dios quiere que todos seamos santos. Los jóvenes y los menos jóvenes, los solteros y los casados, los viudos y las vidas. Todos tenemos que ser santos…

Para ser santos, hija mía, hemos de ser fieles a lo largo de toda la vida, cumpliendo la voluntad del Señor. Piensa que la Santísima Virgen se dirige a ti y te dice, como a los sirvientes de las bodas de Caná: haz lo que Él te diga. Dile a Jesús que quieres ser fiel, que quieres ser buena. Y verás que feliz eres, porque la felicidad, la alegría, va unida a la fidelidad. ¡Que seáis fieles!...

Pensando concretamente en la juventud zaireña, les diría: sois la esperanza de vuestro país y tenéis que aprender a trabajar; debéis procurar ser cada día mejores cristianos y constituir –si Dios os lleva por ese camino, como es lo ordinario– hogares verdaderamente cristianos, en los que el marido ame a la mujer y la mujer al marido, en los que el marido sepa comprender los defectos de la mujer y la mujer los del marido".

- Padre, tengo un hijo de la Obra, que acaba de terminar el primer año de universidad, contó otra persona. Yo lo veo muy contento con su vocación, que para él es la razón de su vida. Yo también estoy contento de su vocación, pero a veces pienso que es demasiado joven para comprometerse para toda la vida. No sé si es falta de fe. ¿Qué piensa usted, Padre?

- "Mira, tú y tu mujer, como cristianos, estáis contentos de que el Señor se haya fijado en vuestro hogar para elegir a alguien para Él, con una llamada particular, al celibato apostólico. Por otra parte, es lógico que penséis: ¿no será demasiado joven? ¿Qué edad tiene?".

- Dieciocho años, contestó el hombre que le dirigió la pregunta.

- "A los dieciocho años se es mayor de edad en muchos países, se puede votar y elegir a los ciudadanos que van al Parlamento, se puede uno casar... ¡No es tan joven!

- De todas maneras, en el Opus Dei no recibimos a nadie para hacer un compromiso por toda la vida a esa edad. Desde que pide la admisión, han de pasar cerca de siete años antes de hacer la incorporación definitiva...

Al principio –durante el período de la formación inicial– no se hace ningún compromiso. Después se hace un compromiso por un año nada más, que se ha de renovar anualmente durante cinco años. Sólo después, cuando tu hijo tenga al menos veintitrés años, podrá incorporarse libremente a la Obra para toda la vida.

Quédate tranquilo, que a esa edad mucha gente ya se ha casado, ya tienen hijos, y el matrimonio también es para toda la vida. Con la diferencia de que a veces en el matrimonio el marido o la mujer no se portan bien, y en cambio Dios no traiciona nunca. Dios es siempre fiel. Si vuestro hijo es fiel, Dios no se dejará ganar en fidelidad y le dará todas las gracias necesarias".

También hubo una pregunta en sentido inverso. Un joven, que estaba sentado al lado de su padre, le preguntó a D. Álvaro:

- Padre, soy de Kinshasa. Conocí la Obra hace varios años durante mis estudios, y ahora soy uno de sus hijos. En la Obra, gracias a las enseñanzas de nuestro Fundador, he aprendido a querer más a mi familia, y a vivir el cuarto mandamiento como un dulce precepto. Mi padre está aquí, a mi lado. ¿Cómo puedo hacerle comprender cada vez más que mi vocación y sus exigencias no me alejan de él, sino todo lo contrario?

- "Se lo tienes que demostrar tú con el cariño que les tienes. Dices que los quieres más que antes, y lo comprendo, porque ahora te das más cuenta de cuánto debes a tus padres. Cuando aún no habías nacido, tu madre estaba preocupada por ti, y dejaba de tomar este alimento o el otro, o no hacía esfuerzos físicos, para que tu nacieses bien. Y tu padre, ¡cuántas preocupaciones! Luego, mientras eras pequeñito, llorabas y no les dejabas dormir y lo ofrecían al Señor por ti.

¡Hay tantas cosas que tú no sabrás nunca, que tus padres han hecho por ti! Tienes que dar gracias a

Dios y a tus padres, por los beneficios que conoces y por los que desconoces. Entre los que conoces, está que te hayan educado de manera que has tenido posibilidad de tener este encuentro con Dios".

Y en ese momento, D. Álvaro recordó lo que decía san Josemaría gráficamente; debemos a nuestros padres el noventa por ciento de la vocación.

"Pero, al mismo tiempo, se darán cuenta de que cuando se llega a una cierta edad, normalmente los hijos contraen matrimonio; o quizá para buscar trabajo, se marchan a otra ciudad. En cualquier caso, los padres siguen siendo un tesoro en el corazón, pero ya pasan a ocupar un segundo lugar, porque primero está la mujer, luego los hijos, y después los padres. Eso es ley de vida; no puede extrañar a nadie. Eso no significa amar menos a los padres; significa amarlos ordenadamente. Ahora tienes unos amores nuevos, además del amor a los padres".

- Padre, estamos viviendo momentos inolvidables. Hoy asistimos a la última tertulia con usted. Yo quisiera pedirle otra cosa: ¡vuelva otra vez, Padre!

- "Yo le pido a Dios que me conceda la alegría de volver al Zaire para estar mucho tiempo y recorrerlo todo".

Tras esas palabras, se interrumpió al Padre con un fuerte estallido de aplausos. Y nos dijo:

- "Estoy seguro de que seguiré aprendiendo, porque estos días he aprendido muchas cosas de vosotros".

En ese momento Ani comentó:

- Nuestro país está lleno de música, baile, alegría. ¿Cómo podemos hacer para que esta alegría sea reflejo de la paz y de la felicidad interior?

- "Que Dios te bendiga, hija mía, por esta pregunta que haces. Efectivamente, en este continente que da alegría, siempre están todos bailando, moviéndose. Esto es la alegría exterior, que es un don de Dios; pero un don mayor es la alegría del alma. Conviene que esa alegría exterior no sea "únicamente" la de la persona sana, sino la de quien está en paz con Dios...

En el Opus Dei rezamos todos los días para que el Señor nos conceda la alegría y la paz. No la alegría y la paz puramente exteriores, sino la que deriva de estar bien con Dios, de ser amigos suyos, de tratarle como un Padre. Entonces el alma no es como un torbellino en el que las aguas se levantan por la fuerza de la tempestad, sino como un lago en calma. Así esta nuestra alma cuando se encuentra en paz con Dios, y eso produce una alegría interior muy grande que sube al corazón, a los labios, a la mirada...

Hija mía, yo pido y deseo que todos vosotros tengáis esta alegría, este *"gaudium cum pace"*, el gozo y la paz que proceden de ser amigos de Dios. ¡Amigos de Dios!, fijaos qué cosa tan grande".

El Padre nos dio la bendición y, mientras salía del auditorio, el coro comenzó una canción de despedida.

Okende malamu	*Buen viaje*
Tata wa biso	*Padre*
Nzambe abátele	*Que Dios guarde*
Yo na nzela	*Su camino*

La estancia del Padre en Zaire fue un enorme regalo. Y durante esos días Pascaline pidió la admisión como numeraria. Su historia nos la cuenta ella a continuación.

Un regalo de don Álvaro

En Kimbondo, grabadora en mano, le he pedido a Pascaline que me cuente su historia. "Yo no tengo mucho que contar", me dijo.

Mi padre es del oeste del país y mi madre es del este, lo que significa que cada uno tiene una cultura muy diferente. Cuando mi padre era joven, Mobutu estableció una política para mezclar la población y envió a los jóvenes del oeste a hacer el servicio militar al este. Es así, como mi padre fue a parar a una ciudad del este, llamada Calemi, que hace frontera con Tanzania. Allí conoció a mi madre una chica de esa ciudad. Se casaron y poco tiempo después nací yo.

Dos años después de mi nacimiento, mi padre tuvo que volverse para estudiar en la universidad de Lubumbashi. Pero la familia de mi madre no quiso que yo me fuera con mi padre, porque no conocían bien a su familia ni las condiciones en las que viviría. Mi madre no quiso oponerse a su familia, así que me quede en Calemi con ella. En la distancia, yo me daba cuenta de lo mucho que se querían mis padres. Mi madre siempre me contaba cosas buenas de él. Y mi padre, cada vez que sabía de alguien que venía a nuestra ciudad, nos mandaba algún mensaje.

Al cabo de un tiempo, como mi padre no regresó, mi madre se volvió a casar en Calemi y nos trasladamos a vivir a Burundi donde crecí. Mis padres, mantuvieron el contacto. Cuando terminé mis estudios de secundaria, vine a Kinshasa para estudiar en la universidad. En ese momento mi padre había vuelto a Kinshasa. Así que, desde que llegué a la ciudad, me instalé con su familia. Yo soy la mayor, tanto de la familia de mi padre como de la familia de mi madre. Por parte de madre tengo una hermana y cuatro hermanos y por parte de mi padre tengo seis hermanas. Y todos me consideran como la hermana mayor.

Mi madre, ha sido muy acogedor. En su casa siempre estábamos rodeados de gente. Cuando terminé mi último año de secundaria, las amigas de mi madre y mis tías quisieron hacerme una fiesta. No es que sea una costumbre entre nosotros, pero en mi caso quisieron hacerlo. Yo estaba muy nerviosa porque uno de mis tíos, bebía bastante, y cuando lo hacía, perdía el control. No me acuerdo si recé o no, sólo de que estaba muy inquieta. El día de la fiesta mi tío me dijo: hoy no voy a beber ni una gota, y lo cumplió. La fiesta fue muy bien y, mi tío estuvo encantador.

Recuerdo mi infancia como una época feliz, siempre rodeada de gente que me quería y a la que yo también quería: primas, primos, amigas…

Cuando llegué a Kinshasa, conocí a Antoinette[115]. Un día, de camino a la universidad, coincidimos en un bus. Yo me había dado la vuelta, porque su voz me había llamado la atención. Me vio y se sentó a mi lado. Hicimos el camino a la universidad juntas y

---

[115].- Antoinette es la primera mujer congoleña que solicitó la admisión como numeraria del Opus Dei.

tuvimos tiempo para hablar. Ella ya cursaba su último año de Derecho y yo acababa de comenzar el curso preparatorio en la Polytechnique[116]. Antoinette me acompañó hasta mi aula para ver donde teníamos las clases. Me pareció todo un detalle porque, normalmente, los de cursos superiores no se ocupan de los que acaban de llegar.

Todo el mundo me había dado consejos antes de venir a Kinshasa, Es sabido, que la capital es un caos. También mi padre me había dicho que yo había venido a estudiar, que tenía que dar lo mejor de mí misma, comportarme bien y ser un ejemplo para los demás.

Cuando llegué a Kinshasa, tuve que empezar por inscribirme en la universidad. En un principio, no había pensado hacer ingeniería. Mi padre me preguntó qué es lo que quería hacer. Yo había estudiado en un colegio de jesuitas, y por aquel entonces, si habías sacado buenas notas, podías obtener una carta de recomendación para entrar en la universidad. Este fue mi caso. Le dije a mi padre que quería hacer Económicas y él me dijo que hiciera lo que quisiera pero que tuviera en cuenta que algunas facultades como económicas y derecho estaban saturadas. Me sugirió hacer medicina, pero yo no me veía como médico, así que como del colegio de dónde venía, ya había una relación con la escuela de Ingeniería, porque varios estudiantes habían escogido esa carrera, me inscribí en económicas y en ingeniaría. Al final me admitieron en Ingeniería.

---

[116].- Pascaline fue la primera ingeniera de construcción congoleña.

El día que Antoinette me acompañó en el autobús, hablamos de muchas cosas. Yo tenía en la cabeza todos los consejos que me habían dado antes de venir: debía comportarme bien y ser un ejemplo para los demás. No me acuerdo si fue ese mismo día o en alguna otra conversación, cuando le comenté que yo tenía la costumbre de confesarme cada viernes. Ella me explicó que, en la iglesia del Campus, Notre Dame de la Sagesse[117], confesaba un sacerdote que ella conocía. Un día vino a buscarme, durante la pausa, y me acompañó a la iglesia para que pudiera confesarme. Me gustaron los consejos del sacerdote. Me daba cuenta de que los consejos de Antoinette y los del sacerdote iban en la misma línea de todo lo que mi familia me había dicho antes de venir.

Desde el primer momento, al llegar a Kinshasa, me sentí muy arropada. Incluso tuve la suerte de poder alquilar una habitación junto con otras dos estudiantes en el Campus Universitario gracias a mis tres apellidos; dos de procedencia Bandundu y el tercero en lengua suajili[118], el de mi madre. Para conseguir alojamiento contaba con una carta de recomendación de un padre jesuita que me puso en contacto con una sobrina suya que ya disponía de una habitación. Así que pude elegir y me decidí por el Campus. Ello me facilitaba mucho al estar muy cerca de la escuela. Entre las tres hacíamos turnos para preparar la comida. Nos organizábamos bien.

Recuerdo los años universitarios con cariño.

---

[117].- Nuestra Señora de la Sabiduría.

[118].- Una de las cuatro lenguas nacionales junto con el lingala, kikongo y tshiluba.

Durante ellos seguí en contacto con Antoinette, que me animó a participar en unas clases de doctrina católica que daba Isabelle[119] en el Campus. El ambiente en clase era sano y yo me daba cuenta de que había alguno de mis compañeros algo conocían acerca del Opus Dei. En ese tiempo conocí Tangwa, un centro del Opus Dei para mujeres, cerca de la Universidad, en el que se impartía formación humana y cristiana. Comencé a asistir a las meditaciones que se tenían los sábados y a preguntar, con confianza, cosas sobre el Opus Dei.

Cuando supimos que el Prelado del Opus Dei, don Álvaro del Portillo, vendría a nuestro país, aprovechamos para ver alguna reunión suya, filmada con gente de otros países, y así darlo a conocer y preparar su venida.

Una de las chicas con las que compartía habitación, me dijo que tuviera cuidado, que le daba la impresión de que "querían atraparme". Yo hasta entonces, no me había planteado la vocación al Opus Dei. Aunque me sentía muy a gusto en Tangwa. Iba con frecuencia a estudiar y a recibir formación cristiana.

A finales de agosto de 1989, el día 23, me invitaron a participar en la reunión que tendría lugar con don Álvaro en Virunga. Después de la reunión, Isabelle me habló de vocación. Yo no tenía inconveniente en hacer lo que Dios me pidiera, solo

---

[119].- Isabelle Barbarin, una de las cinco primeras mujeres numerarias que vino al Zaire en 1982, para comenzar la labor apostólica del Opus Dei.

que me parecía que tenía una gran responsabilidad familiar, pues era la mayor y mi familia no disponía de muchos medios. Así que pensé que ser supernumeraria podría ser lo más apropiado. Por otro lado, no quería que fuera una decisión poco generosa con Dios. Después de todo lo que Él había hecho y estaba haciendo por mí, ¿no me estaría pidiendo una entrega total a Él viviendo como numeraria del Opus Dei el celibato apostólico?

El día 24 asistí a la reunión que se tuvo por la tarde. Y el 25 no pensaba asistir a la que se tendría en Tangwa porque tenía un examen. Sin embargo, por la tarde me acerqué, a Tangwa, no sé muy bien por qué. Cuando estaba de camino, me dije: ¿y por qué estoy tan convencida de que lo mío es ser supernumeraria? ¿y si me decido como numeraria? Al final opté por pedir la admisión como numeraria y así fue. La verdad es que no me sentí coaccionada en ningún momento. Fue después cuando comencé a pensar que me había lanzado sin pensarlo mucho…

El día 26 tuvimos otra tertulia con el Padre y le hice una pregunta sobre la vocación. Terminada la reunión, don Javier Echevarría, que acompañaba al Padre, pasó por mi lado y me dijo: estamos rezando mucho por ti. Se lo agradecí. Ese día escribí una carta pidiendo la admisión al Opus Dei como numeraria.

Mi familia lo aceptó muy bien. Mi madre me dijo que, aunque contaban conmigo, si el Señor me había llamado, era lo mejor. La mujer de mi padre ya se había dado cuenta de que "algo pasaba" y le decía a mi padre que tuviera cuidado por si yo terminaba como Isabelle, que ya había venido a casa en varias ocasiones, porque trabajaba en la Embajada de España que estaba cerca de donde vivíamos.

Cuando se lo dije a mi padre me dijo que respetaba mi decisión, y que, si mi madre, que tenía menos medios, estaba de acuerdo, por él no había problema. Los dos son muy buenos y me han apoyado siempre.

Nuevos horizontes: Lubumbashi

Vine a Kinshasa en 1989, una vez terminados mis estudios de secundaria nos relata Virginie. Era la primera vez que dejaba mi casa y a mi familia de diez hermanos. Alguno de ellos, ya había viajado. Sin embargo, para mí era la primera vez. Y no fue porque yo lo pidiera, me gustaba estar en casa, pero mi padre me dijo que esta vez me tocaba a mí. Mi hermano iba a casarse el 22 de julio de ese año, así que yo iría a Kinshasa para asistir a su boda.

Acababa de terminar los exámenes, el 29 de junio. Pensé que todavía tenía tiempo de visitar a mis amigas. El día uno de julio, mi padre me dijo que fuera a comprar mi billete. El vuelo estaba reservado para el día cinco. Me pareció muy pronto para irme, por lo que sólo me dio tiempo de visitar a mi mejor amiga, Mado. Le conté que viajaría. Se sorprendió mucho dada la precipitación con la que se había decidido todo.

El día 5 de julio ya estaba en Kinshasa. Mi hermano se casaba por lo civil, el día 15 y, el 22, tendría lugar la ceremonia de boda en la Iglesia. Mi primera impresión fue que hacía mucho calor y que había muchísima gente por todos lados. Era muy diferente de Lubumbashi.

A mi llegada empezamos a ultimar los preparativos para la boda. Mi madre vino con mi hermana mayor para asistir a la celebración. Todo salió muy bien. Y yo vivía con mi hermano.

En agosto pensaba regresar a Lubumbashi. Sin embargo, un día mi hermano me preguntó si ya sabía lo que quería estudiar. Le dije que Derecho. Le comenté que ya lo había hablado con papá antes de venir. Y aunque mi padre prefería que estudiara Economía yo le había dicho que prefería Derecho.

Mi hermano, que es economista, me dijo que había hablado con Seraphine, una hermana mía que ya estudiaba Derecho. Mi padre insistía que en el Congo, Derecho no tenía futuro y que estudiar Economía era una mejor opción. Algo en lo que mi hermano coincidía con mi padre. Yo insistía en hacer Derecho.

En estos vaivenes, mi hermano me comentó que era mejor que me quedara a estudiar en Kinshasa, la capital, pero yo no quería. Ya tenía mi inscripción en la Universidad de Lubumbashi. Además, quería seguir viviendo en casa de mis padres. Me dijo que, si me parecía, podíamos intentar conseguir matricularme en la Universidad de Kinshasa y que, si salía, podría quedarme a vivir con él. Al día siguiente vino con el formulario. Yo lo rellené poniendo como primera opción Derecho y, en segundo lugar, Economía. Al final, obtuve mi inscripción en Economía. Eso hizo que cambiaran mis planes y me quedara en Kinshasa. Pensaba que no me iba a adaptar. No conocía a nadie. Yo había estudiado en un colegio sólo de chicas. Al final me adapté muy bien. Terminé el primer año. Y en el segundo viví una huelga que, según recuerdo, duró casi un año, de cierre de la universidad.

Por aquellas fechas, también tuvo lugar la llegada de una ola de prosélitos protestantes que vino a instalarse en nuestro barrio. Mi prima se unió a ellos. Yo quería seguir siendo católica, así que pensé que tendría que buscar algo que me ayudara a no abandonar mi fe.

Por entonces, la informática comenzaba a estar en boga. Había centros de formación donde podías aprender. Vivía con mi hermano en la Cité Maman Mobutu y yo había encontrado un sitio en Cité Verte donde podía inscribirme. Era un momento de inseguridad y no era prudente estar en la calle después de las seis de la tarde. Las clases eran de siete a ocho. Mi hermano me dijo que buscara otra cosa un poco más cerca, así que, en vez de empezar clases de informática, me inscribí en un curso de inglés. Tenía clase, tres veces por semana, por la tarde.

Dos semanas después de haber empezado el curso de inglés, Glodie, que vivía en mí misma calle y que también estudiaba en la UNIKIN[120], no vino a clase. La semana siguiente, cuando la volví a ver le pregunté: ¿cómo has podido perderte dos días de clase cuando sólo son tres veces por semana? Además, hemos pagado el curso.

Me dijo que, si quería, en el descanso me diría donde había estado. Me contó que no había venido porque había participado en un retiro espiritual. Pensando que se trataba de alguna actividad protestantes le dije que yo era católica y que no quería saber nada de eso. Me explicó lo que era un retiro y

---

[120].- Universidad de Kinshasa

que no era protestante sino católico. Me dijo que, si quería, el sábado podíamos ir juntas al sitio desde donde se había organizado, que resultó ser un centro de mujeres del Opus Dei: Tangwa.

Al final de la semana le dije a mi hermano que el sábado iría a un centro de la Obra en Righini. Mi hermano me pregunto qué era ese sitio. Yo le dije que no lo sabía muy bien, que iba a ir a conocerlo. Y como el sábado él no iba a salir podía quedarse con Piero, mi sobrino. Me fui tranquila.

Yo seguía viviendo en casa de mi hermano. Su mujer había sufrido una parálisis un mes después de dar a luz a su primer hijo y había tenido que viajar a Sudáfrica para ser atendida médicamente. Así que en casa de mi hermano vivíamos, él, una prima mía el bebé, que no tenía ni dos años y yo.

El sábado Glodie me dijo que podíamos quedar, a las tres de la tarde, para ir a Tangwa. Había invitado a otras dos chicas, así que fuimos cuatro. Todas vivíamos en la misma avenida. Cuando llegamos, lo primero que vimos fue el oratorio. Me acordé de mi colegio, no porque se pareciera, sino porque también había una pequeña capilla con una vela encendida indicando que el Santo Sacramento estaba presente. Me impresionó que hubiera un sitio para rezar.

Nada más entrar en la casa, saludamos a Mafalda[121], que era la directora del centro, y luego

---

[121].- Ana Mafalda Alves Bagio Vaz de Araujo, numeraria portuguesa que llegó a Congo en septiembre de 1989.

vimos la sala de estudio. La universidad estaba cerrada pero allí había gente estudiando. Reconocí a Odette, una compañera de clase. La verdad es que no podía creer que estuviera estudiando cuando hacía varios meses que la facultad estaba cerrada. También conocí a Isabelle, hablamos un rato, y me invitó a que participara en un retiro espiritual. Le dije que lo hablaría con mi hermano, porque era yo la que me encargaba de mi sobrino. Recuerdo que tuvimos una meditación con un sacerdote y bendición con el Santísimo Sacramento.

A la vuelta nos llovió muchísimo desde que salimos de Tangwa hasta llegar a casa. Nos mojamos hasta los huesos y nos reímos mucho comentando que la lluvia es una bendición de Dios. Llegué a casa y me cambié de ropa. Mi hermano me preguntó cómo me había ido. Yo le dije que me había gustado mucho. Le conté que había visto gente estudiando, que habíamos tenido una meditación dirigida por un sacerdote. Me dio la impresión de que a mi hermano el centro le sonaba de algo.

El caso es que un día, viendo la televisión, de repente salió la imagen de un sacerdote cuya cara me sonaba. En Tangwa había visto una estampa de san Josemaría. Mi hermano tenía en el salón, algunos álbumes de fotos y efectivamente, la imagen gráfica de aquel sacerdote era la misma que había visto en Tangwa. Le pregunté a mi hermano de donde la había sacado. Me dijo que un sacerdote se la había dado en la puerta de la iglesia del Campus Universitario. Como me gustó mucho, me dije, la guardé en el álbum. Aproveché para contarle a mi hermano que se organizaba un curso de retiro espiritual y que me gustaría asistir. Me pregunto por el precio y me dijo que conseguiría el dinero para que pudiera participar. Dicho y hecho, así que asistiría al curso de retiro que tendría lugar en el mes de marzo.

El sábado siguiente no pude ir a Tangwa, porque era el bautizo de mi sobrino. No lo habíamos bautizado aún, pues queríamos que su madre asistiera. Pero al final, por motivos de salud, no pudo venir. Tras el bautizo, comencé a asistir a la meditación de los sábados en Tangwa. Pronto llegó el mes de mayo de 1992. Mes en el que el Papa, san Juan Pablo II, beatificó a Josemaría Escrivá de Balaguer, Fundador del Opus Dei, en Roma. Y a la que fue un grupito de Tangwa para asistir a la ceremonia de beatificación, a la que yo no pude ir, pero que seguí con mi hermano por la radio.

Recuero que antes de irse, a la beatificación, Nicole, nos daba unas clases de formación a un grupito de chicas de mi zona. Venía cada lunes. Después yo tenía entrenamiento de voleibol, pues siempre me ha gustado el deporte.

Mafalda me hizo llegar, por Nicole, una estampa del entonces beato Josemaría Escrivá de Balaguer. Me conmovió mucho el detalle. Seguí yendo por Tangwa los sábados por la tarde. Yo no conocía nada del Opus Dei, pero me encontraba muy a gusto cuando iba por allí. Durante el retiro había hablado con Isabelle para que me ayudara en mi vida interior. Además, había comprado *Camino* y había comenzado a leerlo.

En junio, Isabelle me hablo de vocación. Para ser sincera, yo ya me estaba planteando la cuestión. Ese año, durante la Cuaresma, me había propuesto asistir a Misa a diario. En fin, creo que mi respuesta estaba madurando.

El 11 de junio de ese año, mi hermana dio a luz a su primer hijo. Ese sábado no pude ir a Tangwa y el domingo tenía pensado ver a mi hermana. Glodie me dijo que a Isabelle le gustaría hablar conmigo. Así que el domingo, después de ir a ver a mi hermana al Hospital Universitario, pasé por Tangwa.

Hablamos con entera confianza. Yo le dije que me había gustado mucho el primer punto del capítulo *Llamamiento* de *Camino*, y que hasta lo había subrayado. También le dije que le estaba dando vueltas al tema de la vocación. Me contestó que rezaría por mí.

Esa semana fui a Tangwa a estudiar y volví a halar con Isabelle. Yo sabía que Dios me llamaba, pero al mismo tiempo, no conocía nada del Opus Dei y no quería precipitarme a tomar una decisión sin conocer un poco más. Isabelle me dijo que no debía preocuparme por eso, porque la formación se va adquiriendo poco a poco. Y que ellas se encargarían de ayudarme.

Yo a las del centro las veía muy normales. Dicen que son como los primeros cristianos, gente corriente, que vive en medio del mundo, trabajando e intentando vivir las virtudes cristianas. Sin embargo, no entendía que tuvieran la suerte de tener un oratorio en su casa. Bueno, me decía a mí misma, un día, yo comenzaría un orfelinato y también instalaría un oratorio.

Como había pedido conocer más de la Obra, me propusieron comenzar a asistir a unas clases de formación cristiana que podrían ayudarme a entender mejor el espíritu del Opus Dei. Comencé a asistir a un círculo. Así se llaman las clases de formación semanales. El jueves asistí a mi primer y único círculo, antes de pedir la admisión como numeraria en el Opus Dei. Ese mismo día, pasé a hablar con el sacerdote, el abbé Quirós, que había venido a confesar. Le conté que había comenzado a ir al círculo. Como siempre, fue muy cariñoso conmigo. Hablamos un buen rato.

El sábado fui a Tangwa, como hacía cada sábado, para asistir a la meditación. Ese sábado íbamos a tener una Vela al Santísimo, que quedaría expuesto hasta el domingo, día del retiro mensual. Aunque mi hermano me hubiera dejado quedarme a la Vela, no me parecía prudente proponérselo. Le dije a Isabelle que intentaría llegar a Tangwa el domingo temprano, antes de que retiraran el Santísimo, para hacer un rato de oración. Estaba decidida a pedir la admisión en el Opus Dei. A mi hermano le dije que, al día siguiente, iría a Tangwa muy temprano.

Me levanté muy pronto. Hacía frío. A esa hora, no encontré ningún medio de transporte. No lo podía creer. No había nada. De pronto vi que se acercaba un camión, que transportaba piedras para construcción. La verdad es que no sé muy bien cómo me vi subida al camión, junto a otras mujeres y hombres que ya habían "trepado" dentro y que me ayudaron a subir. Todavía no entiendo como hice lo que hice ese día. Desde el Rond Point, fue fácil encontrar un transporte. Después de tanta aventura llegué a Tangwa a las 6:20. Justo a tiempo para hacer un rato de oración delante del Santísimo antes de empezar el retiro. Ese día, volví a hablar con el sacerdote y le dije que estaba decidida. Después del retiro, escribí una carta, al Prelado, pidiendo la admisión como numeraria del Opus Dei.

Mi familia reaccionó bien. Escribí a mi padre y me contestó con una carta que todavía conservo. Me dijo que estaba contento con mi decisión y me envió un texto del Vía Crucis fotocopiado. Me animó a acompañar al Señor, haciendo pequeños sacrificios para afianzar mi decisión. También me dijo que su bendición se sumaría a la de Dios que me había llamado. Y aunque en mi familia nadie conocía el Opus Dei, la vocación divina no se discutía, porque venía de Dios. Incluso, uno de mis tíos le decía a mi madre, en alguna ocasión: tienes diez hijos: y ¿ninguno va a darse a Dios?

Sé que mis padres rezaban por mi hermana que es muy tranquila, dulce y piadosa. Somos muy distintas. En mi casa se rezaba en familia, todos los días, a las nueve de la noche. Empezábamos cantando. Todos tenían buen oído a excepción de mi padre y yo. Cuando comenzaban a cantar yo me dormía y nada más terminar la oración me despertaba y me ponía a hablar como una loca. Mi madre me decía en broma: ¡eres como un pequeño diablillo!

A mi decisión de entrega, mi madre me dijo que tenía que pensarlo bien. No debía dejarme llevar por los sentimientos, ni por lo que los demás hicieran o dijeran. También me dijo que rezaba por mí.

Tras mi decisión, un día busqué a mi hermano, en el Campus, para darle la noticia. Las clases ya habían recomenzado y yo estaba viviendo *au Home*[122]. Hablé con él. Me dijo que no estaba en contra, pero que a ver que decía mi padre. Y le dejé la carta que me había escrito mi padre para que la leyera. Le gustó mucho.

Soy muy amiga de una de mis hermanas, la que vivía en Kinshasa, que ahora vive en Sudáfrica. Ella se lo había olido un poco y al cabo de un tiempo se lo dije. Lo único que me comentó fue: mira, en la vida, lo más importante es saber conjugar el verbo ser en presente: *Je suis*. Es lo más importante. Si eres capaz de conjugarlo cada día: *Je suis numeraire del Opus Dei*, entonces muy bien. Pero nada de "yo era" (*j'étais*), que es muy, muy, muy feo. Debes ser fiel. Mi hermana conocía a Isabelle, que ha dejado su país para trabajar aquí En presente, me dijo, nada de pasado. Si el Señor te ha llamado y tú has dicho que sí, los demás no tenemos nada que decir. Vamos a acompañarte con la oración para que seas fiel en tu camino.

Mucho tiempo después, en agosto de 2010, tuve la suerte de volver a Lumbubashi para estudiar la posibilidad de comenzar allí un centro del Opus Dei. En octubre Leti, Nicole y yo emprendimos el viaje rumbo a Lubumbashi para instalarnos allí. Comenzaba la expansión en y desde el corazón de África.

---

[122].- Una residencia para universitarios que se encuentra en el mismo Campus.

El Padre en Congo[123]

Durante su estancia por estas tierras, el Padre, don Javier Echevarría en aquel entonces, al igual que hizo el beato Álvaro, tuvo la oportunidad de tener diversos encuentros con muchas personas y visitar las diferentes iniciativas impulsadas por el Opus Dei en nuestro país. Aquí se recogen algunas pinceladas de su estancia y extractos de textos que relatan cómo fueron esos encuentros de familia que tocaron el corazón de muchos congoleños.

Del 28 de julio al 4 de agosto de 2011

Las iniciativas para los preparativos del viaje del Padre a nuestro país fueros de lo más variopintas. Unas más "interiores" y otras más "hacia afuera", pero todas con un mismo objetivo: que nuestra acogida, estuviera a la altura de la generosidad africana.

Entre los preparativos materiales también hubo espacio para preparar canciones, sugerir detalles de cariño y, sobre todo, para rezar. Fue emocionante ver el oratorio lleno de chicas durante el Rosario, encomendando al Padre y sus intenciones. Un grupo se ofreció a hacer un *salongo*[124] en un pequeño mercado,

---

[123].- Cfr. Noticias octubre 2011

[124].- Término lingala que significa gran trabajo de limpieza y orden.

paso obligado para llegar a Lukunga, la casa de retiros, donde se alojó el Padre.

En Lukunga se disfruta del paisaje y en estos meses del año de un clima fresco. Por otra parte, había que hacer frente a las condiciones *geológicas*, ya que unas fuertes erosiones socavaron el asfalto, imposibilitando el acceso en coche. Nada de esto podía disminuir nuestro entusiasmo. Por ello, buscamos soluciones para mejorar la situación. Un vecino del barrio dejó el paso abierto en su parcela para acortar la distancia y facilitar el recorrido. Y las personas que trabajaban en un proyecto agrícola anejo a la casa de retiros procuraron aplanar los senderos.

Sábado 30 de julio

Por la mañana, el Padre estuvo en el ISSI (Instituto Superior en Ciencias de la Enfermería), que recorrió comenzando por el oratorio. Luego se desplazó a Monkole, para visitar el centro quirúrgico y las consultas de especialidades, así como el edificio que nació como centro de diagnóstico, prevención y tratamiento de enfermedades infecciosas. Es estos lugares, el Padre se detuvo a hablar con los enfermos. Mientras, preparábamos su llegada al *gran Monkole*[125], como llamamos familiarmente al edificio en construcción. Una vez allí, lo bendijo.

En Oloma, una residencia para universitarias, el Padre tuvo un encuentro con gente joven. Después de saludar al Señor Sacramentado en el oratorio, se paró

---

[125].- Que abrió sus puertas en Kinshasa, en julio de 2014.

en el vestíbulo para escuchar las canciones preparadas por las alumnas de Liziba, la escuela de secundaria. En el cuarto de estar, le esperábamos con otra canción: *¡Karibu Baba eh ba Congo!* (Padre, bienvenido al Congo).

- "Con vuestra conducta", nos dijo, "diariamente, en todas las ocasiones, podéis influir mucho en la sociedad, en la Iglesia, en vuestras amigas (…). Esforzaos por ser mujeres cristianas en todo momento".

Y para hablarnos del Papa, nos presentó un pasaje de Evangelio:

-"¿Os acordáis de esa escena preciosísima? Jesús toma a Pedro, quizá lo agarraría por el brazo, e iría con él caminando y le pregunta: ¿Pedro, me amas? Y le dice Pedro: Si, te amo. El Señor le dice: apacienta mis corderos y, así, tres veces…

Pedid por Pedro, por Benedicto XVI; acompañadle. Vamos a ofrecer este rato de reunión por su persona y las intenciones del Santo Padre. Queredle mucho, mucho; que necesita del cariño de todos, y, especialmente, de los católicos. Ofreced alguna cosa por él. Ahora mismo podéis pedir cada una: Señor, ayuda al Papa, y eso ya es oración. Si todos los católicos, que somos miles de millones, lo repetimos una vez al día, ¡fijaos qué cantidad de oración se eleva al Cielo!".

Domingo 31 de julio

El Padre ha celebrado la Misa y consagrado el

altar del oratorio de Lukunga, la casa de retiros. Véronique, una chica de los alrededores, ha acompañado los cantos con el armonio. Su hermana Evelyne, que participa en los medios de formación, ha venido con ella. La tan esperada tertulia general se ha desarrollado en el jardín de la casa. A medida que se acercaba la hora, vimos, con alegría y agradecimiento al Señor, que, a pesar de los accidentados caminos, la afluencia de gente fue grande. Como los autobuses no podían llegar hasta Lukunga, algunos han recorrido a pie el último trayecto.

Desde bastante antes de las cuatro menos cuarto de la tarde, hora en que comenzaría la tertulia, el jardín estaba lleno. Sonaban el tam-tam y el *karibu* de bienvenida, y se distribuyó agua fresca para aliviar el calor, que de todos modos no era excesivo: treinta grados. La traducción simultánea, con transistores que se ofrecían a la entrada, funcionó muy bien. Se habían instalado 1.700 sillas por la mañana. Parecía que iban a sobrar, pero a la hora de la verdad se llenaron todas y hubo gente de pie. El ambiente era festivo.

Recibimos al Padre con un gran aplauso. Luego, uno de los presentes se levantó para darle la bienvenida en nombre de todos y ofrecerle un regalo: la piel de un leopardo. Cuatro niños subieron al estrado. Este felino vive en nuestro territorio y simboliza virtudes como la fortaleza y la valentía. Terminó pidiendo oraciones por la unión de las más de cuatrocientas tribus que forman nuestra nación y para que los habitantes de nuestro país gocen de la bendición de la paz.

- "La llevaré a Roma", respondió el Padre mientras recibía la piel de leopardo "y me servirá de industria humana para acordarme más de este queridísimo país. Todos los días os encomiendo en la Misa, que es el momento culminante de la vida de un cristiano. Pues, cuando tenga en las manos al Señor, le presentare esta tierra con sus cuatrocientas tribus, para que os queráis más, para que os ayudéis más, los unos a los otros, para que os llenéis de deseos eficaces de llevar adelante este país, que debe dar mucha gloria a Dios y ser un ejemplo de fraternidad".

Después, le entregaron un gran grabado en cobre que había llegado de Lubumbashi. Tras agradecer este nuevo presente, el Padre siguió hablando de caridad cristiana:

- "Congoleses, quereos mucho, rezad mucho los unos por los otros, no admitáis resentimientos y rencores, sed, hermanas y hermanos de los demás ciudadanos de vuestro país, para que todos sientan el calor cristiano de unidad y de fraternidad que nos ha legado Cristo. Quereos, ayudaos, comprendeos. Y al mismo tiempo, pensad que ese querer, esa ayuda, también se traduce en saber exigir a la gente para que cumpla sus deberes, con responsabilidad, dándose cuenta de que corresponde, a cada una y cada uno colaborar con su trabajo profesional, bien acabado, en la construcción del Congo".

Estos encuentros fueron una oportunidad estupenda para hablar con jóvenes y menos jóvenes de temas como la familia, el trabajo, el amor al Papa, la amistad, la vida de relación con Dios, los sacramentos.

Un casi-médico, que sentía la tentación, como dice una canción congolesa, de buscar la felicidad en otro lugar: en un país con alto grado de bienestar material, se dirigió al Padre. Él habló con fuerza y optimismo, urgiendo a sacrificarse para hacer del Congo un gran país, al servicio de Dios y de la humanidad.

- "Es verdad", comentó el Padre, "que hay posibilidades de trabajar y de ganar más dinero en otros países, donde además buscan personas con título universitario, porque, como tú has dicho, necesitan cubrir puestos especializados. A la vez, es preciso considerar que la virtud de la justicia comporta obligaciones: no solamente hacia los parientes más cercanos, también respecto a la sociedad, la propia nación… Algunos tendrán que marcharse por distintos motivos, justos y razonables, pero si los congoleses bien preparados se van fuera, en este país no habrá progreso, nunca saldrá adelante".

Al final de la tertulia, el Padre volvió a hablar de la responsabilidad, que incumbe a todos, de poner el hombro para servir a la sociedad.

- "Que améis vuestro quehacer profesional", dijo. "Hay que realizarlo con perfección: debéis construir Congo con un trabajo responsable, acabando bien las tareas a vuestro cargo. Además, no os conforméis solamente con cumplir vuestra labor: ayudad también a los demás –amigos, vecinos, colegas– para que no se dejen llevar ni por la corrupción ni por el abandono. Congo puede ser un país de primer nivel, si os esforzáis todos, con responsabilidad, para sacar adelante esta tierra y atender a la gente que necesita vuestra ayuda".

Al terminar el día, Evelyne llamó a María Dolores y le pidió que le explicara mejor la vocación a la Obra. A ella, la Misa de esta mañana la removió profundamente.

Y Evelyne, durante la estancia del Padre en Congo pidió la admisión como la primera agregada del Opus Deis en el país.

El primer regalo de don Javier

Me llamo Evelyne Lukeni. A día de hoy[126], soy la única agregada del Opus Dei en República Democrática de Congo.

Soy la cuarta de una familia de siete hermanos, de los que uno de ellos, Joseph, ya está en el cielo. Trabajo desde hace diez años en la administración del Colegio Americano de Kinshasa.

Cuando era pequeña, había oído hablar del Opus Dei, en alguna ocasión a las monjas de mi colegio en Bélgica. La figura de san Josemaría no era extraña para mí. En 2002, siendo miembro de la comisión de mi parroquia *Mater Dei,* en Kinshasa, conocí a alguna de las numerarias de la Obra que trabajaban en el Lycée Technique de Kimbondo. De hecho, una de ellas colaboró dando sugerencias para el inicio de actividades dirigidas a las chicas jóvenes de la parroquia.

En 2007, una de mis amigas de la parroquia me invitó a participar en una convivencia para chicas jóvenes organizada por las mujeres del Opus Dei. Yo le había dicho que estaba preocupada porque el sacerdote con el que me confesaba, habitualmente, acababa de irse a otra parroquia. Mi amiga me dijo, que, si quería, me podía presentar a su confesor. Fue

---

126.- En septiembre de 2022, Evelyne era la única agregada del Opus Dei en el Congo. Un año después, llegaría la segunda.

posible durante la convivencia. A partir de entonces, comencé a frecuentar los medios de formación impartidos por las mujeres de la Obra: retiros, clases de doctrina…

Durante la visita pastoral del prelado del Opus Dei en 2011, D. Javier Echevarría, tuve la suerte de poder hablar un poco con él y me dijo: "cuando el Señor pasa cerca, hay que ser generoso". Ese mismo día, escribí pidiendo la admisión como agregada del Opus Dei.

EPÍLOGO

Querido lector. Si has llegado hasta aquí te agradezco la lectura de las páginas que recogen, con veracidad y cariño, una serie de hechos y aventuras, humanas y apostólicas, que, hace ahora más de cuarenta años, emprendieron y vivieron un grupo de mujeres valientes y de corazón grande para "hacer más humana la vida humana" en un extenso país del continente africano, guiadas por un grito apasionante de san Josemaría Escrivá "sed sembradores de paz y de alegría".

Los relatos que has leído no son cuentos de un país lejano, han sido vivencias de seres humanos utilizados como meros medios de producción por otros seres humanos "deshumanizados". Sin una mínima educación, sin recursos de ningún tipo, con familias, frecuentemente, numerosas. Olvidados hasta la llegada, a la R.D. del Congo, de las primeras mujeres del Opus Dei en 1982. Mujeres que lo dejaron todo para servir a sus prójimos conscientes de su dignidad de hijos de Dios. Como has leído, también en condiciones precarias y con medios escasos, gracias a terceros de buen corazón, pudieron comenzar y recomenzar su labor humanitaria que ya dura más de cuarenta años, aun en medio de persecuciones, que también las sufrieron, en los años duros de las dos guerras del Congo.

Llevadas de su visión sobrenatural no se

pararon, al rememorar sus recuerdos, en poner de relieve los desastres que comportaron los conflictos bélicos –nunca aludieron a ello en las conversaciones que mantuvimos– solo dejaron traslucir el lado positivo de que la guerra, con toda su dureza y crueldad, sirvió para templar sus almas y acrecentar su reciedumbre y seguir trabajando en sanar cuerpos y almas, con alegría y optimismo.

Los colonizadores marcharon, so pretexto de una falsa libertad disfrazada de independencia. Dejaron atrás un país deshecho, explotado, sin estructuras económicas y sociales que permitieran un mínimo desarrollo, Se marcharon sin "enseñarles a pescar". Sin embargo, se cuidaron de mantener sutiles redes empresariales que les permitieran, a futuro, seguir explotando sus valiosos recursos naturales. En consecuencia, la situación de la R.D. del Congo apenas ha mejorado y la pobreza sigue siendo habitual y generalizada.

Dios Padre necesita mujeres y hombres dispuestos, con su vida entregada, a llevar esperanza y vida a millones de personas que carecen de lo mínimo para subsistir en este mundo cada vez más deshumanizado. Hemos de tomar conciencia de que mientras nosotros –el primer mundo– tenemos cubiertas todas nuestras necesidades –generalmente no tan necesarias– millones de humanos carecen de lo más elemental para llevar una vida digna.

En la hora actual, frente al sonoro grito del "silencio", de millones de seres humanos, resuena, con estruendo, desde nuestra comodidad, la obscenidad de la "queja" reiterada, egoísta y estéril.

"Cuando los cristianos lo pasamos mal es porque no damos a esta vida su sentido divino. Donde la mano siente el pinchazo de las espinas, los ojos descubren un ramo de rosas espléndidas, llenas de aroma", afirmaba, en 1981, Josemaría Escrivá.

He pretendido que en estas páginas se perciba el aleteo del espíritu de Dios. Detrás de cada una de las historias narradas se esconden vidas santas, con intenciones santas, que aguardan tus decisiones, que habrás de completar con tu conducta.

"Que tu vida no sea una vida estéril.
—Se útil. —Deja poso..." (Camino, n, 1)

Gracias a Dios, a san Josemaría, a sus sucesores y a todos aquellos que dan su vida por los demás en tierras lejanas del África Central, y en el Congo.

ÁLBUM FOTOGRÁFICO

Virgen Negra: es la imagen que se encontraba en el salón cuando llegaron las primeras. Actualmente se encuentra a la entrada del oratorio de Virunga.

Imagen de la Virgen que sirvió como retablo durante la primera Misa que tuvieron las cinco primeras mujeres al llegar a Congo. Actualmente se encuentra en el despacho de dirección de Tangwa.

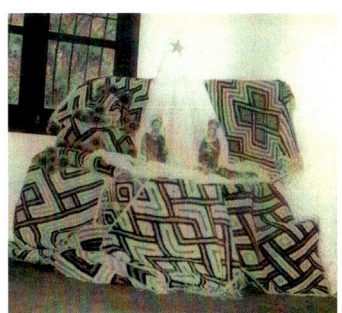

Primer nacimiento. Con tapices de Kasaï, diciembre de 1982.

Regina Zaire, 1983. Al comenzar la labor apostólica en un nuevo país, en la sede de la Asesoría Regional se coloca una imagen de la Virgen, que haya sido enviada desde ese país a Roma y bendecida por el Padre en la Sede Central de Roma.

Leti y Tita, septiembre de 1982.

Navidades en Virunga,

Con Marta.

El cocodrilo de la casa en la Avenue de la Maternité, 1983.

Agathe, Esther y Philo las tres primeras numerarias auxiliares de Kenia, que llegaron al Zaire en abril 1984.

Tita y Estela en el puente de lianas, Kimpese 1986.

Antoinette, Leti, Isabelle y Elodie. Monte Cristal, 1986.

Primer retiro de señoras,1982.

Exterior de la iglesia de "Mter Dei"

Romería con señoras en Mater Dei.

Tangwa en Av. Bakole (mayo 1988-septiembre 1991).

Tangwa en Av. Oasis (septiembre 1991-julio 1996).

En Virunga.Visita del Padre a Zaire, 1989.

El Padre en Zaire. Reunión general en el "Palais du Peuple", 1989.

Con con Marcella.

Con Pascaline.

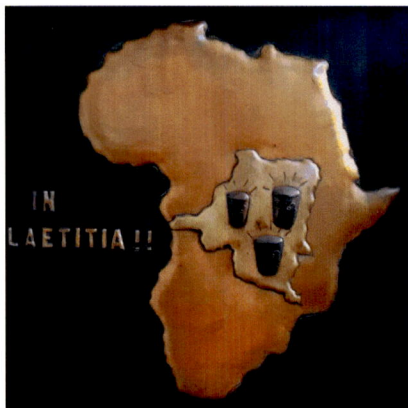

"In laetitia" (con alegría). Grabado en cobre que se hizo con motivo de la visita al Zaire del Prelado en 1989.

Orígenes del LTPK,
la escuela de hotelería.

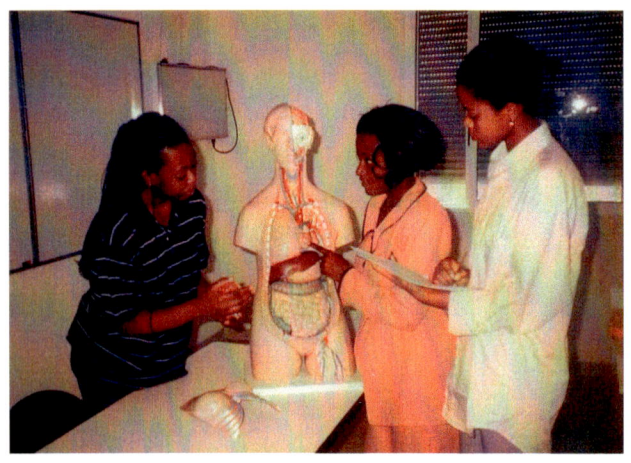

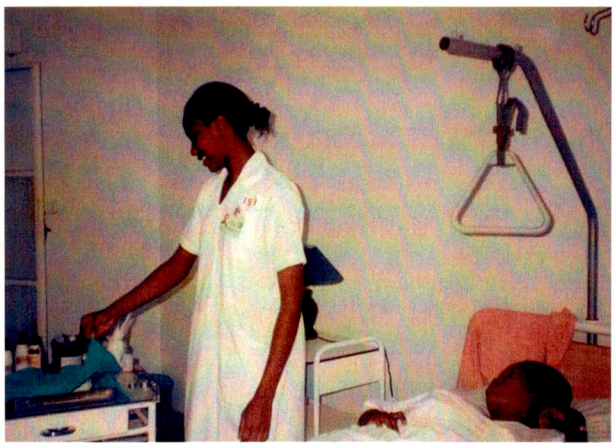

Institut Supérieure en Sciences Infirmières (ISSI) 1997.

Institut Supérieure en Sciences Infirmières (ISSI)

Assina, Jacques Ngoy et maman Gerardine, su mujer, en la celebración de los 30 años de Tangwa.

Evelyne et Lydie

Club juvenil Virunga.

De izquierda a derecha: Mari Do, Tita, Leti e Isabelle. En Lukunga, durante la reunión con motivo de la celebración de los 35 años de su llegada a Congo.

Mari Do y Elodie, Navidad 1982.

En Oloma, octubre 2018. Celebración de los 90 años del Opus Dei, con algunas de las chicas que asisten a los medios de formación

Tita, Isabelle, Leti y Mari Do en Oloma, octubre de 2018.

Esther, Tita y Agathe en Kimpese,1986.

Esther, Agathe, Marcela e Isabelle en Maluku.

ANEXO I: Rasgos de la R.D. del Congo

El medio natural

La República Democrática del Congo es un país de inmensas riquezas naturales y gran biodiversidad, ubicado en el corazón de África. Su medio natural se caracteriza por una variedad de ecosistemas, desde densas selvas tropicales hasta sabanas y montañas, lo que la convierte en uno de los países con mayor diversidad biológica del mundo.

Alberga la segunda selva tropical más grande de la tierra, después del Amazonas. Esta vasta extensión de bosque cubre, aproximadamente, el 60% del territorio del país.

El río Congo es el segundo río más largo de África y el segundo más caudaloso del mundo, después del Amazonas. Su cuenca abarca gran parte del país y es una arteria vital para el transporte y la economía. Los ríos y lagos de la R.D. del Congo son ricos en recursos pesqueros y proporcionan agua para el consumo humano, la agricultura y la industria.

El este de la R.D. del Congo es una región montañosa, destacando las Montañas Ruwenzori y los Montes Virunga, que forman parte de la Gran Falla del Rift. Esta área es famosa por sus volcanes activos, como el Nyiragongo y el Nyamuragira.

En el sur y suroeste del país, el paisaje cambia a sabanas y praderas, que son hábitat de animales como leones, leopardos, búfalos y diversas especies de antílopes. Estas áreas están menos densamente pobladas que las selvas y ofrecen una visión diferente de la biodiversidad del país.

Cuenta con varios parques nacionales y reservas naturales. Destacan el Parque Nacional de Virunga, el Parque

Nacional de Kahuzi-Biega y el Parque Nacional de Garamba. Son parques declarados Patrimonio de la Humanidad por la UNESCO.

La R.D. del Congo es extremadamente rica en recursos naturales, incluyendo minerales como el cobre, el cobalto, el oro y los diamantes. También posee vastas reservas de petróleo y madera, que tienen el potencial de impulsar el desarrollo económico, pero también son fuente de conflicto y corrupción.

Su organización territorial

La organización territorial de la R.D. del Congo es un reflejo de su vasta extensión geográfica y su diversidad étnica y cultural. El país está dividido en varios niveles administrativos, que incluyen provincias (en total 26), territorios, ciudades, comunas, sectores, y localidades, cada uno con su propio conjunto de responsabilidades y estructura de gobernanza.

El futuro de la organización territorial depende en gran medida de la capacidad del gobierno para implementar, de manera efectiva, la descentralización y abordar los problemas poblacionales, lo que podría llevar a una administración más eficiente y equitativa, promoviendo el desarrollo sostenible en todo el país.

Existen dos ciudades-provincia: Kinshasa (la capital) y Lubumbashi. Estas provincias son las principales unidades administrativas siendo cruciales para la descentralización del gobierno. Cada provincia tiene un gobernador elegido y una asamblea provincial, responsables de la administración local, la seguridad y el desarrollo económico. La división en 26 provincias es, relativamente, reciente, resultado de una reforma administrativa en 2015 que buscó mejorar la gobernabilidad y la administración local.

La R.D. del Congo enfrenta numerosos desafíos en su administración territorial. La infraestructura deficiente y las vastas distancias entre las regiones dificultan la administración efectiva y la prestación de servicios públicos. La corrupción es un problema endémico que socava la gobernanza en todos los niveles. Además, los conflictos armados en varias partes del país complican la administración y a menudo impiden que el gobierno ejerza su autoridad en algunas regiones. Para abordar estos desafíos, la R.D. del Congo ha recibido apoyo de la comunidad internacional a través de diversos proyectos de desarrollo y programas de asistencia técnica, de la ONU, la Unión Europea y el Banco Mundial. Así como las ayudas prestadas por entidades privadas sin ánimo de lucro.

Sus gentes y su evolución demográfica

La población de la R.D. del Congo es una de las más diversas y dinámicas de África, con una rica herencia cultural y una estructura demográfica en rápida evolución. Con, aproximadamente, noventa y cinco millones de habitantes, es el cuarto país más poblado del continente africano y tiene una tasa de crecimiento demográfico que está entre las más altas del mundo.

La R.D. del Congo es un mosaico de más de 200 grupos étnicos, cada uno con su propio idioma y tradiciones culturales. Los grupos más numerosos incluyen a los bakongo, lubas, mongo, y los lunda. El lingala, el kikongo, el tshiluba y el suajili son los idiomas nacionales más hablados, junto al francés, que es el idioma oficial y se utiliza en la administración, la educación y los negocios. Esta diversidad cultural se refleja en sus variadas costumbres, danzas, música y arte, que son una parte integral de la identidad congoleña.

La R.D. del Congo ha experimentado un crecimiento demográfico explosivo en las últimas décadas. La alta tasa de natalidad, combinada con una disminución gradual de la mortalidad infantil, ha resultado en una población, predominantemente, joven. Más del 60% tiene menos de veinticinco años y, puede ser un motor de desarrollo económico y social, si se invierte, adecuadamente, en políticas efectivas de educación y empleo, lo que incrementaría el potencial de transformar su riqueza demográfica en una ventaja para su futuro. Sin embargo, la enorme población juvenil, también impone una gran presión sobre los recursos y servicios públicos, tales como la educación, la salud y las infraestructuras.

La población de la R.D. del Congo está distribuida de manera desigual. Las áreas urbanas, especialmente Kinshasa, Lubumbashi y Mbuji-Mayi, han visto un crecimiento significativo debido a la migración interna en busca de mejores oportunidades económicas y servicios. Kinshasa, la capital, es una megaciudad con más de diecisiete millones de habitantes, lo que la convierte en una de las ciudades más grandes de África. Sin embargo, gran parte de la población todavía vive en áreas rurales, donde la agricultura de subsistencia es la principal actividad económica.

La rápida urbanización ha traído consigo numerosos desafíos. Las ciudades, a menudo, carecen de la infraestructura necesaria para asumir el rápido aumento de población, lo que plantea problemas como el acceso limitado al agua potable, saneamientos inadecuados y servicios de salud insuficientes. Además, el desempleo y la alta subocupación, especialmente entre los jóvenes, contribuye a la pobreza urbana.

Los conflictos armados recurrentes, en varias regiones del país, han tenido un profundo impacto en la población. Millones de personas han sido desplazadas internamente o se han convertido en refugiados, buscando seguridad en los países vecinos. También han afectado, negativamente, el acceso a la educación y la atención médica, deteriorando, aún más, el bienestar de las comunidades afectadas.

Por su parte, las enfermedades como la malaria, el VIH/SIDA y la desnutrición son prevalentes y contribuyen a una esperanza de vida relativamente baja, que ronda los 60 años. No obstante, ha habido progresos en la reducción de la mortalidad infantil y la mejora de los servicios de salud materna, gracias a los esfuerzos nacionales y de cooperación.

La educación es una prioridad para el desarrollo del país, pero enfrenta numerosos obstáculos, incluyendo la falta de infraestructura escolar, la escasez de maestros capacitados y el acceso desigual entre las zonas urbanas y rurales.

Su cultura y sus valores tradicionales

La cultura de la R.D. del Congo es un reflejo de su rica diversidad étnica y su larga historia. Con más de 200 grupos étnicos, cada uno con sus propias tradiciones, idiomas y prácticas culturales, es un país de una vibrante y multifacética herencia cultural. Esta diversidad se manifiesta en una amplia gama de expresiones artísticas, prácticas sociales y valores tradicionales que configuran la vida cotidiana de sus habitantes.

Su cultura es un rico y variado tapiz que refleja su diversidad étnica y su historia. Los valores tradicionales, la música, la danza, el arte, la gastronomía y las prácticas espirituales y sociales son elementos que definen la identidad congoleña y contribuyen a la cohesión y al sentido de comunidad en el país. Esta herencia cultural es una fuente de orgullo para los congoleños, y fundamental para comprender la dinámica social y su vida cotidiana.

La R.D. del Congo es un país multilingüe, como ya dijimos, con el francés como idioma oficial. La literatura oral, a través de cuentos, proverbios y poesía, es una tradición viva que transmite conocimientos, valores y la historia, de generación en generación.

Sus valores tradicionales están, profundamente, arraigados en la comunidad y la familia. La solidaridad y la cohesión social son fundamentales, y el bienestar de la comunidad a menudo se prioriza sobre el individuo. El respeto por los ancianos y la autoridad tradicional es otro valor central, desempeñando los líderes comunitarios y los ancianos papeles cruciales en la resolución de conflictos y la toma de decisiones.

Por otra parte, las festividades y celebraciones son momentos clave para la expresión cultural, tanto en eventos nacionales como en celebraciones locales y tradicionales.

Su economía y los desafíos a futuro

El conjunto de circunstancias citadas ha llevado a la economía de la R.D. del Congo a una evolución compleja, marcada por períodos de auge y crisis, debido a factores como la colonización, la independencia, los conflictos internos y las políticas económicas erradas. El país es, extremadamente, rico en recursos naturales, pero enfrenta desafíos significativos en su desarrollo económico.

Cuatro son los sectores clave de la economía: la minería, la agricultura, los recursos forestales y pesqueros y el petróleo.

La R.D. del Congo es uno de los mayores productores mundiales de cobre y cobalto, minerales esenciales para las tecnologías modernas. Produce, también, diamantes, oro y estaño, aunque la falta de infraestructura, junto con las condiciones laborales precarias y la corrupción, debilitan su potencial minero.

La agricultura es la principal fuente de empleo, pues, en ella trabaja más del 60% de la población, sin embargo, el sector agrícola sigue siendo de subsistencia y tiene grandes problemas, tales como la carencia de mecanización, el acceso limitado a los mercados y los conflictos locales.

La segunda selva tropical más grande del mundo es una fuente importante de madera y productos forestales. La pesca, de forma limitada, también aporta recursos a la economía.

La producción de petróleo es modesta, aunque significativa, encontrándose, en su mayoría, en manos extranjeras.

A pesar de la riqueza de recursos naturales descrita, la R.D. del Congo se enfrenta a numerosos desafíos económicos:

falta de infraestructuras adecuadas; corrupción; inseguridad ciudadana y jurídica; pobreza de la mayoría de la población; y desigualdad en la distribución de la riqueza y las rentas.

Las perspectivas económicas de este gran país dependen de su capacidad para abordar los desafíos apuntados. La economía congoleña ha pasado por etapas de auge y de crisis, influenciada por su rica dotación de recursos naturales y una serie de desafíos sociales y políticos recurrentes. Aunque enfrenta problemas significativos, existen oportunidades, para el desarrollo sostenible, si se implementan las reformas adecuadas y se mejora la estabilidad política.

Apuntes históricos

1482-1908: Colonización

El reino Kongo fue explorado, por primera vez, por europeos en el siglo XV. Sin embargo, la colonización no comenzaría hasta 1885, cuando el rey Leopoldo II de Bélgica, se apoderó de su control mediante una explotación brutal y despiadada, socapa del establecimiento del Estado Libre del Congo.

1908-1960: Administración belga e independencia

En 1908, la administración del Congo fue transferida al gobierno belga hasta su independencia en 1960.

Bajo el dominio colonial belga, se construyeron carreteras, ferrocarriles y ciudades y la economía se orientó sobre todo hacia la exportación de minerales, caucho y otros recursos. La administración autoritaria y discriminatoria dejó poca participación de los congoleños en el gobierno y la economía.

Después de la Segunda Guerra Mundial, las ideas de

autodeterminación y los movimientos de independencia se extendieron por África. El Partido del Movimiento Nacional Congoleño (MNC), liderado por Patrice Lumumba, se convirtió en una fuerza política influyente. En enero de 1959, aumentaron las protestas en Leopoldville, y Bélgica, presionada por la comunidad internacional, concedió la independencia en 1960. Joseph Kasa-Vubu fue nombrado presidente y Patrice Lumumba primer ministro. Poco después se inició una crisis política y militar, que supuso la secesión de la provincia de Katanga y la intervención de tropas de las Naciones Unidas.

1960-1965: la Primera República del Congo

La Primera República del Congo se caracterizó por la inestabilidad política, los conflictos internos y las tensiones internacionales. La crisis de Katanga, donde Moïse Tshombe declaró la independencia de dicha provincia, desató una guerra civil, sumiendo el país en el caos. Patrice Lumumba, que había buscado apoyo soviético, fue depuesto por un golpe militar, liderado por el coronel Joseph-Désiré Mobutu, en septiembre de 1960. En enero de 1961, fue asesinado, lo que exacerbó las tensiones políticas y provocó la intervención de la ONU. En 1963 la crisis fue solventada, sin embargo, el país continuó en un estado de agitación hasta noviembre de 1965 cuando Mobutu llevó a cabo otro golpe de Estado y estableció un gobierno autoritario que duraría más de tres décadas.

1965-1997: Mobutu

Joseph-Désiré Mobutu, también conocido como Mobutu Sese Seko impuso un régimen autoritario y se proclamó presidente, renombró el país como Zaire en 1971.

Durante la primera década del régimen, consolidó su poder mediante la represión de la oposición y el control del aparato estatal. La economía de Zaire se benefició de los altos precios de los minerales, especialmente del cobre, lo que permitió al gobierno financiar proyectos de infraestructuras y fortalecer el ejército. Sin embargo, la corrupción y el clientelismo político, le permitió acumular una fortuna personal considerable, mientras el país permanecía subdesarrollado y la mayoría de la población vivía en la pobreza.

Como consecuencia de la recesión que se produjo en occidente, en la primera mitad de los años setenta, los precios de las materias primas tendieron a la baja, lo que llevó a la economía del Zaire a una caída de sus exportaciones, disparándose su deuda externa, que se tradujo, finalmente, en un empeoramiento drástico del nivel de vida. Las reformas ineficaces de Mobutu no hicieron nada más que empeorar la situación y creció el descontento popular. A pesar de esto, Mobutu mantuvo su control mediante la represión y el uso de la fuerza. La comunidad internacional comenzó a presionar para llevar a cabo reformas democráticas y garantizar el respeto a los derechos humanos. A finales de la década de 1980, la resistencia al régimen de Mobutu aumentó, significativamente, y comenzó un nuevo período de cambios políticos y conflictos.

En los noventa, la presión internacional y el descontento interno obligaron a Mobutu a hacer concesiones políticas. Anunció la apertura del sistema político a la democracia multipartidista lo que permitió la formación de numerosos partidos de oposición. Mobutu continuó, no obstante, el proceso político para mantenerse en el poder. Lo que motivó que el país se sumiera, nuevamente, en una creciente inestabilidad.

En 1996, el país fue arrastrado a una guerra regional: la Primera Guerra del Congo. Laurent-Désiré Kabila, líder de la Alianza de Fuerzas Democráticas para la Liberación del Congo (AFDL), lanzó una rebelión contra Mobutu con el apoyo de Ruanda y Uganda. En mayo de 1997, Kabila logró derrocar a Mobutu, quien huyó al exilio muriendo poco después.

1997-2002: la Segunda Guerra del Congo

La toma del poder por Laurent-Désiré Kabila no trajo la paz. En 1998, estalló una segunda guerra: la Segunda Guerra del Congo o la Gran Guerra Africana, que involucró a múltiples países africanos y una miríada de grupos armados. El conflicto fue devastador y causó la muerte de, aproximadamente, cinco millones de personas. La R.D. del Congo se convirtió en el campo de batalla para las fuerzas de Ruanda, Uganda, Angola, Zimbabwe, así como para numerosos grupos rebeldes congoleños.

En 2001, Laurent-Désiré Kabila fue asesinado y su hijo, Joseph Kabila, asumió la presidencia. A través de esfuerzos diplomáticos y la intervención de la ONU, se alcanzó un acuerdo de paz en 2002, pero la estabilidad total aún estaba lejos de ser lograda.

2002-2006: la reconstrucción

Después del acuerdo de paz, la R.D. del Congo inició un arduo proceso de reconstrucción y pacificación. La economía estaba en ruinas, las infraestructuras devastadas y millones de personas desplazadas. El gobierno de transición, encabezado por Joseph Kabila, trabajó con la comunidad internacional para estabilizar el país.

En 2003, se formó un gobierno de unidad nacional que incluía a líderes de las principales facciones rebeldes. La violencia continuó, especialmente, en las provincias del este, donde persistían conflictos armados y la explotación ilegal de recursos naturales.

2006-2010: nace una democracia

En 2006, se llevaron a cabo las primeras elecciones democráticas, financiadas y supervisadas por la comunidad internacional. Joseph Kabila ganó las elecciones presidenciales, aunque las acusaciones de fraude y la violencia postelectoral demostraron la fragilidad nacional.

Las elecciones presidenciales y legislativas de 2006

fueron un hito crucial en la historia reciente de la R.D. del Congo. Joseph Kabila fue confirmado en el cargo de presidente. Aunque ganó, no faltaron las acusaciones de fraude y la violencia estalló en Kinshasa.

Después de décadas de conflictos, dictadura y crisis económica, la R. D. del Congo inició una fase de transición democrática. Este período, marcado por una mezcla de esperanza y desafíos, reflejaba la complejidad de la situación política y social del país. La debilidad de las instituciones, la corrupción generalizada y la interferencia política no facilitaron la consolidación de la democracia. Además, la seguridad seguía siendo un problema grave, especialmente, en las regiones orientales dónde grupos y milicias rebeldes continuaron operando en las áreas de Kivu del Norte y del Sur, provocando el desplazamiento masivo de la población civil.

La R.D. del Congo tuvo que reconstruir su economía y la sociedad. Los esfuerzos se centraron en la rehabilitación de las infraestructuras dañadas, la promoción del desarrollo económico y la mejora de los servicios básicos como salud y educación. A pesar de todos los esfuerzos, la política congoleña seguía siendo volátil y no faltaban las rivalidades étnicas, regionales y políticas. Los partidos de la oposición criticaron al gobierno de Kabila por su gestión y por no cumplir las promesas de campaña, agravándose de nuevo las tensiones políticas y sociales.

La comunidad internacional desempeñó un papel crucial en esta etapa de transición democrática proporcionando apoyo y asistencia técnica para las elecciones. El camino hacia una democracia consolidada y el desarrollo sostenible exigía superar la corrupción, mejorar la seguridad y abordar las profundas desigualdades que afectaban a la mayoría de la población congoleña.

2010-2023: un rayo de esperanza

Desde 2010, el país experimentó cambios significativos, tanto positivos como negativos. Entre las mejoras, destaca, principalmente, una relativa estabilidad política, no exenta aún de conflictos violentos, generalmente, en la región del sur. La celebración de elecciones electorales en 2011, 2018 y 2023, ayudaron a la transición democrática y la alternancia del poder, lo que produjo algunas mejoras de los servicios básicos y de la comunicación entre áreas rurales y urbanas.

Félix Antoine Tshisekedi Tshilombo es el actual presidente de la R.D. del Congo, tras haber sido reelegido en las últimas elecciones de 2023.

Por último, cabe destacar la participación de la sociedad civil congoleña que ha ganado fuerza en la promoción de los derechos humanos, la gobernanza y la transparencia. En este aspecto, organizaciones no gubernamentales y activistas han desempeñado y desempeñan, hoy, un papel vital en la supervisión de los procesos electorales y la denuncia de abusos de derechos humanos. Ello no quita que sigan existiendo desafíos cardinales –corrupción y mala gobernanza a todos los niveles– lo que imposibilita la mejora de la calidad de vida y va erosionado la confianza en las instituciones. Y todo ello, sin olvidar la inseguridad incitada por los conflictos armados y los problemas endémicos recurrentes. Aunque es de justicia reconocer algunos avances en términos de estabilidad política, crecimiento económico y desarrollo estructural. El futuro del país depende de su capacidad de abordar, de manera efectiva, los desafíos y sus compromisos tanto a nivel nacional como internacional.

El cristianismo en la R.D. del Congo

Los testimonios históricos documentados más antiguos datan del siglo XIII y se refieren a la llamada historia de los reinos. Algunos de estos reinos gozaron de mucho prestigio y poseyeron una sólida organización político-administrativa. El primero de ellos, el reino Kongo, fundado en 1275 por Nimi a Lukeni, su primer monarca, es considerado, por algunos historiadores, como el más grande de los reinos de las costas occidentales de África.

El río Kongo fue descubierto en 1483 por el portugués Diego Cao, que llegó con tres navíos a la desembocadura del "Río Poderoso", como era denominado entonces.

Al parecer, los habitantes recibieron muy bien a los exploradores europeos, hasta el punto de que cuatro de ellos marcharon con Diego Cao a Lisboa para aprender portugués y servir de intérpretes.

En un segundo viaje, Diego Cao se puso en contacto con el rey en Mbanza-Kongo, la capital, que se encontraba a tres semanas de marcha desde la desembocadura. Como consecuencia de estos encuentros, el rey envió un embajador a Lisboa solicitando el envío de misioneros. Poco después, en diciembre de 1490, un grupo de artesanos, agricultores y sacerdotes, seculares y religiosos, se trasladaron a estas tierras a bordo de tres carabelas.

Al año siguiente, el rey Donzwuau, la reina, el príncipe Ndofunsu y algunos nobles recibieron el Bautismo. A excepción del príncipe, la conversión de los demás no fue muy profunda y pronto volvieron a sus antiguos hábitos: poligamia, fetichismo y otras costumbres. Para defenderse de los ataques contra la fe, Ndofunsu se refugió en Mbanza-Nsudi. Cuando su padre murió, en el año 1506, el príncipe subió al trono y permaneció en él hasta 1543. Fue considerado un nuevo Constantino, tal y como lo denominan algunas fuentes históricas, pues, todo su empeño se cifró en lograr que su reino fuera, verdaderamente, cristiano. Se le llamo el apóstol del Kongo. Su hijo Ndoadidiki (don Enrique) recibió la ordenación episcopal, en el año 1526 en Lisboa. Cinco años más tarde regresó al Zaire, enfermó y murió.

Desgraciadamente, la primera evangelización no echó raíces. Su causa primordial fue la terrible mortalidad de los misioneros. Algunos morían al llegar, otros a los pocos meses, y siempre, luchando contra las fiebres. Además, la plaga que constituía la trata de esclavos condujo al reino Kongo a la anarquía; al tiempo que, razones políticas impidieron el envío de nuevos misioneros.

Un suceso merece ser destacado. En el año 1605, el rey Ndolovwalu envío a don Antonio Manuel, su embajador, a Roma. El viaje duro tres años. El embajador llegó gravemente enfermo a la Ciudad Eterna, tanto que murió a los pocos días. Este hecho causo gran impresión. Don Antonio Manuel fue sepultado con todos los honores en la Basílica de Santa María la Mayor, donde hoy se puede admirar su monumento funerario. En la misma Basílica se encuentra enterrado el Papa Pablo V, en cuyo epitafio se recuerda la llegada del embajador del Kongo.

En previsión del acto de obediencia que el embajador, en nombre del rey Ndolovwalu realizaría, el Papa mandó acuñar una medalla con su efigie. En el reverso, aparece el embajador presentando su acta de obediencia con la siguiente inscripción: "el Kongo reconoce a su Pastor". Además, el Papa, mandó pintar un fresco, en la Biblioteca Vaticana, que representa a Pablo V visitando al embajador enfermo e impartiéndole la bendición apostólica.

En 1865 comenzó la segunda evangelización, cuando la Santa Sede confió a los misioneros del Espíritu Santo la Prefectura Apostólica del Kongo, que había sido erigida en 1640. En 1873, fundaron la Misión de Landana, que durante algunos años quedó sin misioneros, lo que no impidió la práctica religiosa de los cristianos del Bajo Zaire. Documentos de la época atestiguan que los cristianos, sin sacerdotes, continuaban reuniéndose los días de fiesta para rezar, cantar y hacer procesiones.

Por ello, en el Bajo Zaire, la segunda evangelización no partió de cero, aunque, en otras regiones, el mensaje evangélico fue realmente nuevo, pues estaba destinado a caer en buena tierra, en pueblos de gran religiosidad.

En el oeste del país, la primera misión evangelizadora importante se realizó, en 1880, en Boma, por los misioneros del Espíritu Santo. El mismo año, los Padres Blancos fundaron, en el este, en el lago Tanganika, la misión Mulweva. Era la época de los grandes exploradores: Ponge, Livingstone, Cameron, Stanley, Brazza... Así, se formó alrededor del gran río una nueva nación y Leopoldo II, rey de Bélgica, se hizo reconocer por las demás potencias europeas como soberano del Estado Independiente del Congo, que comprendía toda la cuenca del río y sus afluentes.

Desde entonces no han faltado nunca los misioneros de muchos países, sobre todo belgas, que hasta nuestros días han desarrollado su trabajo en medio de grandes dificultades. En el Estado Independiente del Congo hasta 1908 y en el Congo Belga hasta después de la independencia, conseguida en 1960. En todo este tiempo, han dejado sus vidas en los más apartados lugares del Zaire, predicando el mensaje evangélico y trabajando, esforzadamente, por elevar el nivel material y cultural de las poblaciones autóctonas. La semilla de la fe, sembrada a lo largo de estos siglos con tanto sacrificio -no han faltado las persecuciones y los martirios-, ha dado ya frutos abundantes.

Hoy, la República Democrática del Congo es un país, eminentemente, cristiano, con mayoría de católicos. En agosto de 1985, Juan Pablo II hizo un viaje pastoral al Congo y beatificó a Sor Anuarite, la primera congoleña que sube a los altares.

El cristianismo ha tenido un impacto profundo en la R.D. del Congo. Las iglesias no solo son lugares de culto, sino también centros de educación y servicios sociales. Las escuelas y hospitales, administrados por sacerdotes y laicos cristianos, han sido fundamentales en la provisión de servicios básicos, especialmente en áreas rurales.

La Iglesia Católica, en particular, ha tenido un cierto papel político. Durante los años de conflicto y dictadura, la Iglesia, a menudo, fue una voz crítica, defendiendo los derechos humanos y ofreciendo un espacio para la resistencia pacífica. Las organizaciones cristianas han sido cruciales en la mediación de conflictos y en la promoción de la reconciliación y la paz.

El cristianismo ha, marcando, profundamente, la vida social, cultural y política del país. Desde los primeros contactos, en el siglo XV, hasta la revitalización moderna, en 1985, la religión ha sido una fuerza significativa en la configuración de la identidad nacional y en la promoción del bienestar social y la justicia.

ANEXO II: Iniciativas alentadas por don Álvaro fuera de África, durante los años que estuvo al frente de la Obra (1975-1994)

Centro de capacitación Junkabal, Guatemala, Guatemala (www.junkabal.edu.gt). Es un centro de capacitación para la mujer que comenzó a funcionar en 1964. En 1992, con el impulso de don Álvaro se construyeron nuevos edificios y se multiplicó la oferta educativa. Cuenta con una clínica odontológica y programas nutricionales para madres y niños.

Escuela Agraria Valle Grande, Cañete, Perú (www.irvg.org). Desde 1965 imparte capacitación técnica a los trabajadores del campo. En la década de los noventa, don Álvaro impulsó esta labor en el ámbito de la formación personal.

Baytree Centre, Londres, Inglaterra (www.baytreecentre.org). En los años ochenta, mujeres de diversas profesiones comenzaron la enseñanza del inglés en Brixton. Una zona multiétnica del sur de Londres. Don Álvaro viajo en 1987 y bendijo los locales. En la actualidad se benefician de esta actividad más de quinientas mujeres de cuarenta y ocho países y se colabora en la educación de novecientos niños.

Centro Educacional e Asistencial Profissionalizante Pedreira, Säo Paulo, Brasil (www.pedreira.org). Inició sus actividades en 198 para la formación profesional de los jóvenes del barrio Pedreira. Don Álvaro alentó el nacimiento de la iniciativa. Ofrece también asistencia médica a unas siete mil personas al año.

Fundación de Ayuda Familiar y Comunitaria, Quito, Ecuador. Nació en 1991 como dispensario en una zona popular de Quito. Surgió como una respuesta de la llamada de don Álvaro a ayudar a los que sufren a los enfermos y necesitados. En 2008 el centro de convirtió en maternidad y clínica. Atiende a una media de veinticuatro mil personas al año.

Baniland Center for Professional Development, Cebú City, Filipinas (www.fptiphilippines.com/BANILAD). Nació como respuesta a una petición hecha ante más de mil personas por don Álvaro del Portillo, durante su visita a Filipinas en 1987. Tras más de veinticinco años de actividad cerca de mil quinientas mujeres han participado en sus cursos de hostelería y restauración.

Centro Educativo Técnico Laboral Kinal, Guatemala, Guatemala (www.kinal.org.gt). Nació en 1961 y en 1985 gracias al impulso de don Álvaro se comenzó la construcción de la sede definitiva. Ofrece a jóvenes de escasos recursos la oportunidad de acceder a enseñanza secundaria t técnica.

Escuela Montemira, San Salvador, El Salvador. Desde 1975 proporciona a alumnas de escasos recursos instrucción primaria. En 1986 don Álvaro apoyó la reconstrucción de su sede tras el terremoto del diez de octubre de ese año. Desde 2004, bachillerato en hostelería.

Colegio Eclesiástico Internacional *Sedes Sapientiae*, Roma, Italia (www.sedessapientiae.it). Seminario erigido por la Santa Sede el nueve de enero de 1991. La iniciativa fue impulsada por don Álvaro en respuesta a una petición expresa de san Juan Pablo II.

Desarrollo y Asistencia, Madrid, España. ONG de voluntariado social en Madrid. Pretende minimizar los problemas de soledad, acompañando a personas en situación de necesidad debido a la edad, la dependencia, la enfermedad y la discapacidad. (www.desarrolloyasistencia.org).

Family Cooperation Health Services Foundation, Metro Manila, Filipinas. Don Álvaro en su visita a Filipinas en 1987 animó a la erradicación de la pobreza en el país. Su llamada cristalizó en la creación de la Family Cooperation Health Services

Foundation. A través de una red de personal sanitario, imparte cursos básicos de sanidad, nutrición y primeros auxilios.

Centro de Educación Básica Alternativa (CEBA), Lima, Perú. Desde 1995 el CEBA ofrece oportunidades educativas a mujeres para dotarlas de una formación científico-humanística que les permite acrecentar su autonomía profesional. También ofrece talleres de capacitación en hostelería.

Cuidad de los Niños de Monterrey, Guadalupe, Nuevo León, México. (www.ciudadelosninos.edu.mx). Centro de desarrollo educativo y familiar. En 1987 a petición de los directores de la institución, don Álvaro animó a algunos fieles de la Prelatura a que se hicieran cargo de la formación espiritual impartida en la escuela.

Università Campus Bio-Medico di Roma, Roma, Italia (www.inucampus.it). Don Álvaro del Portillo, en 1988, invitó a un grupo de médicos y profesores universitarios a erigir un policlínico universitario que ofreciera soluciones al dolor y a la enfermedad inspirado en los principios cristianos. En la actualidad, la Universidad ofrece más de ocho licenciaturas, y atiende a miles de personas al año.

Escuela Agrícola Utz Samaj, Tecpán, Chimaltenango, Guatemala. (www.serviciosuniversitarios.org). Tras el terremoto que devastó Guatemala en febrero de 1976 don Álvaro impulsó la Fundación para el Desarrollo Integral (FUDI). La finalidad de Utz Samaj es la formación de trabajadores rurales en cuestiones técnicas, empresariales y humanas.

Developmental Advocacy for Women Volunteerism, Metro Manila, Filipinas. Es un programa educativo, que comenzó en 1989, para desarrollar la conciencia social entre las personas con recursos económicos e impulsarlas a ayudar a los más necesitados, no sólo con medios materiales, sino también con educación y orientación. Funciona a través de una red de voluntarios.

Asociación Uruguaya de Escuelas Familiares Agrarias, Uruguay. Abrió su primer centro en 1980. Busca dignificar el trabajo campesino. En marzo de 1999 comenzó con actividades académicas. Don Álvaro impulsó los trabajos de la asociación, desde Roma, en 1987.

Universidad Pontificia de la Santa Cruz, Roma, Italia (www.pusc.it). Don Álvaro del Portillo hizo realidad un antiguo deseo de san Josemaría. En 1984, con el nombre de *Centro Accademico Romano della Santa Croce,* inició la andadura de la actual Universidad Pontificia de la Santa Cruz, erigida por san Juan Pablo II el nueve de enero de 1990. Sus actividades académicas se centran en el ámbitos filosófico, económico y social y facilitan a sacerdotes y seminaristas de todo el mundo una profunda formación científica e intelectual.

Organización Navarra de Ayuda entre los Pueblos (ONAY), Pamplona, España (www.onay.org). Nace en 1992 como fruto de una petición expresa de san Juan Pablo II a don Álvaro del Portillo tras la beatificación de san Josemaría, con el fin de centralizar las acciones de solidaridad que se hacían desde la Universidad de Navarra, buscando la cooperación con otros países, en especial con El Salvador, Guatemala y la R.D. del Congo.

Metro Achievement Center, Chicago, Illinois, Estados Unidos (www.midtown-metro.org/metro). Comenzó su actividad en 1985, impulsada por don Álvaro. Busca motivar y educar a mujeres jóvenes que desean ser mejores estudiantes y crecer en virtudes, a través de actividades de verano y de tiempo libre.

Colegio Lamatepec, San Salvador, El Salvador. "Sí os preocupáis de los hijos de los demás, Dios se va a ocupar de los vuestros". Con estas palabras, en Roma, don Álvaro animó a un matrimonio del grupo promotor del colegio a su impulso en sus primeros tiempos. (www.lamatepec.edu.sv).

Center for Industrial Technology and Entreprise (CITE), San José, Cebú, Filipinas (www.cite.edu.ph). Don Álvaro del Portillo visitó la isla de Cebú, en 1987. Sugirió que allí se creara una institución en favor de personas con escasos recursos económicos. De vuelta a Roma, pidió a dos especialistas en cooperación internacional prestaran su ayuda para poner en marcha la escuela. En 1990 comenzó su andadura. Hoy el CITE está reconocido por el gobierno filipino como una de las mejores escuelas técnicas del país.

Centro de Capacitación Profesional para la Mujer Siramá, San Salvador, El Salvador. Abrió sus puertas en 1971 en una modesta casa de San Salvador. En sus comienzos impartió formación para secretariado y diversos cursos de capacitación en artesanía popular, panadería y gestión de microempresas. En 1986 un terremoto destruyó su sede. Do Álvaro alentó a un grupo directivo para la reconstrucción y volvió a abrir sus puertas en 1988. Por Siramá han pasado en torno a cincuenta mil mujeres.

Aula Social, Valladolid, España (www.aulasocial.org). El interés manifestado por don Álvaro relativo al fomento de iniciativas de asistencia social, llevó a un grupo de estudiantes de la Universidad de Valladolid (España) a su puesta en marcha. Lleva a cabo proyectos de cooperación al desarrollo en América latina y el África Subsahariana. Principalmente, en Perú, R.D. del Congo y Nigeria.

Centro para el Desarrollo Rural y Clínica Médica Aragua, Honduras. En 1987 bajo el impulso de don Álvaro y con la ayuda de entidades nacionales e internacional, el centro, tiene como objetivo la promoción humana y social de familias campesinas. En 1988 abrió sus puertas la Clínica Médica Aragua. Cuenta también con una farmacia.

Rosedale Center, Bronx, Nueva York, Estados Unidos. Gracias al impulso de don Álvaro, el centro imparte un programa de educación extraescolar para niñas que viven en una de las zonas más conflictivas de Nueva York, que, gracias a su acción muchas de ellas llegan a la universidad. (www.rosedaleweb.wordpress.com).

Educar A.C, Ixtapaluca Valle de Chalco, México. Don Álvaro comentó en Jalisco (1983) la necesidad de una labor social de envergadura que aliviara las necesidades de la zona. Seis emprendedores aceptaron el reto y, en 1991, pusieron en marcha, una escuela para niños y otro para niñas en la zona más pobre de la Cuidad de México. (www.educar.org.mx).

Fundación Los Valles, Cali, Colombia. En 1994, surge la Fundación Los Valles, tras el impulsó de don Álvaro a un grupo de profesionales instándolos a la creación de un dispensario médico y un centro de formación en la ciudad de Cali. Los Valles, con el objetivo de mejorar la calidad de vida de mujeres cabezas de familia de escasos medios económicos, ofrece cursos de capacitación, con lo que se ha conseguido educación secundaria y superior para sus hijos. De la labor del centro se benefician más de diez barrios conflictivos donde impera la droga y pandillas violentas. (www.fundacionlosvalles.org).

Colegio Eclesiástico Internacional Bidasoa, Pamplona, España (www.ceibidasoa.org). Es un seminario internacional dirigido por la Prelatura del Opus Dei. Erigido por la Santa Sede en 1988, por iniciativa y petición de don Álvaro del Portillo. Tiene su sede en Pamplona (España).

Centro de Apoyo al Desarrollo Integral (CADI), Montevideo, Uruguay (www.centrocadi.org). Se inauguró en 1992, el CADI busca contribuir al desarrollo de familias en situación de riesgo social mediante la inserción educativa, laboral y comunitaria de la mujer uruguaya.

Colegio Los Pinos, Ecuador (www.colegiolospinos.k12.ec). Con el consejo y orientación de don Álvaro, el colegio los Pinos, puso en marcha dos iniciativas dirigidas a facilitar el acceso a una formación de excelencia a personas sin posibilidades económicas. Entre 1980 y 2001 amplió su oferta en estudios de contabilidad, promoción de la salud, administración de instituciones de servicio, con prácticas en microempresas. El resultado: alguna de sus alumnas ingresa en la universidad, trabajan en el campo de la hostelería o crean su propio negocio.

Centro de Investigación Médica Aplicada (CIMA), Pamplona, España (www.cima.es) Don Álvaro animó a la Universidad de Navarra a poner en marcha el CIMA. Un centro de investigación médica que trabaja en actividades científicas de vanguardia, que persigue realizar un trabajo científico de calidad y combatir enfermedades que causan sufrimiento y no tiene curación.

Colegio Meyalli, Ixtapaluca Valle de Chalco, México. Animados por Álvaro del Portillo, un grupo de emprendedores mejicanos, respondieron a la llamada de Juan Pablo II en su visita al Valle de Chalco (México) en 1990: "no podemos vivir y dormir tranquilos mientras miles de hermanos nuestros, muy cerca de nosotros, carecen de los más indispensable para llevar una vida humana digna". Comenzó a funcionar en octubre de 1991. El colegio pretende la formación académica y la adquisición de hábitos de estudio e higiene que lleven a sus alumnas, al crecimiento en virtudes humanas y cristianas. (www.meyalliaunclic.com).

Colegio Montealto, Lima, Perú. Inició sus actividades en 1993. Don Álvaro acompañó en sus primeros pasos al colegio Montealto, puesto en marcha por un grupo de familias que deseaban para sus hijas una formación personalizada que abarcase no sólo en ámbito científico y técnico, sino también el humano y espiritual.

Saxum (www.saxum.org).Aunque Saxum nació tras el fallecimiento de don Álvaro, nos ha parecido oportuno incluirla entre las iniciativas que surgieron bajo su impulso.

San Josemaría, utilizaba el nombre **"Saxum"**–"roca" en latín– para referirse a don Álvaro del Portillo, su más estrecho colaborador y primer sucesor, para subrayar su fidelidad y fortaleza. Aunque san Josemaría no pudo cumplir en vida su sueño de peregrinar a Tierra Santa, albergaba la ilusión de que mucha gente pudiera "rezar, arrodillarse y besar el suelo que Jesús pisó".

En marzo de 1994, don Álvaro peregrinó a Tierra Santa, donde el día veintitrés celebró la que sería su última Misa en la capilla del Cenáculo[127]. Falleció ese mismo día tan sólo unas

---

[127].- Vid. *"Los últimos días en Tierra Santa"*, Boletín de la Oficina para las Causas de los santos. Prelatura del Opus Dei, España, número 28, octubre de 2004.

horas después de su llegada a Roma. Ese año, inspirados por el deseo de san Josemaría y en memoria de Álvaro del Portillo, algunos miembros del Opus Dei, junto con otros promotores, concibieron el proyecto Saxum. La iniciativa se hizo realidad gracias a donaciones de gente de todo el mundo y al trabajo de numerosos profesionales.

Además del **Visitor Center**, un centro multimedia que ayuda a los visitantes de Saxum a profundizar en el conocimiento de Tierra Santa de forma interactiva, Saxum consta de un **Conference Center**, donde se organizan actividades de formación cuya asistencia espiritual está confiada a la Prelatura del Opus Dei.

Saxum Visitor Center fue inaugurado el siete de febrero de 2019, con la participación de autoridades civiles y religiosas, amigos y promotores del proyecto.

Todas las iniciativas, actividades y labores citadas, en páginas anteriores, son promovidas por fieles de la Prelatura y cooperadores, junto con muchas otras personas católicas y no católicas. Quienes emprenden y dirigen dichas actividades asumen con plena responsabilidad su dirección y gestión, incluidas la obtención y administración de los recursos económicos que precisan. La Prelatura del Opus Dei, mediante acuerdos con los promotores o, a través de la fórmula que establezcan los estatutos de cada entidad promovida, podrá contribuir al desarrollo de las actividades, proporcionando orientación cristiana, doctrinal y moral, así como atención sacerdotal, siempre con pleno respeto a la libertad individual de las conciencias.

Diré, finalmente, que el cúmulo de labores llevadas a cabo por los fieles del Opus Dei, tienen un fin exclusivamente espiritual, realizadas con sentido profesional y buscando, únicamente, el bien de las personas que en ellas participan, de cualquier raza y condición, en cualquier parte del mundo, con la finalidad de transmitir el mensaje Evangélico: "id, pues, e instruid a todas las naciones, (…); enseñándolas a observar todas las cosas que yo os he mandado (Mateo 28, 19-20)", siendo sembradores de paz y de alegría.

En palabras de don Fernando Ocáriz, actual Prelado del Opus Dei, "Las obras colectivas mantienen viva la sensibilidad social cristiana y son una expresión civil y pública de misericordia.(…) Por otra parte, cada labor colectiva, y no sólo las directamente percibidas como <sociales>, puede tener una dimensión social explícita, una preocupación por el entorno, unos fines de servicio a los demás, un modo de relacionarse con los pobres, una intención de reconciliar al mundo con Dios… Toda obra colectiva de inspiración cristiana (un colegio, una universidad, una escuela de negocios, un hospital, una residencia, etc.), aunque su misión inmediata no consista en favorecer colectivos necesitados, ha de integrar en su *ethos* este rasgo central del cristianismo que es la caridad social"[128].

---

[128].- Vid. Mons. Fernando Ocáriz Braña, en *"Agrandar el corazón"*, Pontificia Universidad de la Santa Cruz, Roma, 29 de septiembre de 2022.

ANEXO III: Iniciativas alentadas por don Álvaro en África

Abidagba Health Centre, Ogun, Nigeria. En 1980 un grupo de profesionales sanitarios comenzó a atender a personas con problemas de salud en Ogun. Además, se impartían sesiones de formación en higiene, cuidado de los niños y prevención de enfermedades infecciosas. Poco de después, se vio la necesidad de empezar une centro médico. Gracias al impulso de don Álvaro en su visita de 1989 y a la ayuda de muchos benefactores, en 1996 se abrió Abidagba Health Centre, atendido por profesionales de la salud y de laboratorio.

Centre Rurel Ilomba, Abidjan, Costa de Marfil. En su visita al país en octubre de 1988, don Álvaro bendijo el terreno en donde se construiría Ilomba y manifestó su alegría por la puesta en marcha de este proyecto. Ilomba busca promover la salud especialmente entre los más vulnerables (niños, mujeres embarazadas y ancianos). Además de la atención médica, se dan cursos de formación relacionados con la salud, la nutrición y la higiene.

Kimlea Girls Technical Training Centre, Limuru, Kenia (www.kimleatechnical.org). Kimlea empezó, en 1989, como escuela de capacitación técnica para la mujer rural. Ese mismo año, don Álvaro visitó el país e impulsó el proyecto, dando orientaciones para su desarrollo. Actualmente, Kimlea ofrece capacitación técnica orientada a la generación de ingresos y formación humana y espiritual. También hay cursos de alfabetización para mujeres que no han tenido la oportunidad de ir a la escuela.

Iroto Rural Development Centre (IRDC), Ogun, Nigeria. El IRDC es una institución dedicada a la atención de un centro para conferencias. En 1985, viendo la necesidad de formación que tenían las mujeres de la zona, empezó a impartir cursos de alfabetización, costura, artesanías, y trabajos del campo para mujeres con bajos recursos. La visita de don Álvaro en 1989 supuso un gran impulso para reforzar su oferta educativa y así, en 2005, abrió sus puertas la Iroto School Of Hotel and Catering.

Centre Hospitalier Mère-Enfant Monkole, Kinshasa, R.D. del Congo (www.monkole.cd).Durante su visita pastoral al Congo en 1989, don Álvaro animó a algunos fieles del Opus Dei y a sus amigos de Kinshasa a emprender la construcción de un centro sanitario que proporcionara a toda la población una asistencia sanitaria de calidad, a petición de la Conferencia Episcopal Nacional del Congo.

Institut Supérieur en Sciences Infirmières, Kinshasa, R.D. del Congo (www.issi.ac.cd). Abierto en 1997, ha puesto a disposición del sistema sanitario congoleño más de 500 enfermeras. El Instituto está llamado a contribuir a la formación continua del personal sanitario, en particular del que trabaja en salud materno-infantil.

Lycée Tecnique et Professionnel Kimbondo, Kinshasa, R.D. del Congo (www.ehkimbondo.org). A mediados de los años ochenta se inició **Kibali**, una pequeña escuela en las que se capacitaba profesionalmente cada año a unas diez alumnas procedentes de zonas rurales. En 1989 don Álvaro conoció la escuela y los animó a crecer y a consolidar su labor. Poco a poco la escuela fue creciendo y en 2004, tras un reconocimiento oficial, Kibali dio paso al Lycée Tecnique et Professionnel Kimbondo. Son ya más de 350 alumnas las que han podido hacer sus estudios de hostelería en esta institución.

École de Formation Professionnelle Yarani, Adidjan, Costa de Marfil. Yarani abrió sus puertas en octubre de 1990 gracias al impulso de don Álvaro. Busca formar a mujeres jóvenes para ayudarlas a encontrar un trabajo con el que puedan mantener a sus familias. Yarani ofrece diplomas en técnicas de gestión, cocina profesional, pastelería, auxiliar de clínica y educación primaria.

Wavecrest College of Catering and Hospitality Management, Lagos, Nigeria. En la década de los ochenta nació

Wavecrest College, con el objetivo de dar capacitación profesional en el área de la hostelería y revalorizar esta profesión orientada al servicio. Wavecrest College es la primera institución de Nigeria que ofrece formación en este ámbito y está reconocida oficialmente. Don Álvaro impulsó el proyecto dando abundantes consejos a la entidad promotora.

Niger Foundation Hospital and Diagnostic Center, Enugu State, Nigeria (www.nfh.org.ng). En su visita a este país, en 1989, don Álvaro, viendo que muchas personas no recibían atención médica animó a quienes se encontraban con él a buscar una solución. Un año después nació Niger Foundation Hospital and Diagnostic Center, un hospital que ofrecía servicios médicos a familias. Hoy, además, brinda atención a sectores menos favorecidos gracias a sus visitas rurales en los que se vacuna, se diagnostican enfermedades como la hipertensión y la diabetes y se dan sesiones de educación sanitaria.

Harambee África Internacional(www.harambee-africa.org). Es una fundación, con sede en Roma, creada en 2002 con motivo de la canonización de san Josemaría Escrivá de Balaguer. Dos líneas de acción han guiado el trabajo desde sus inicios: el sostenimiento de iniciativas educativas en África y sobre África; y la promoción de actividades informativas y de sensibilización sobre la cultura africana y los desafíos que se plantean en el continente. A lo largo de su más de veinte años de existencia, ha trabajado en más de cien proyectos en veinte países del África Subsahariana, financiados mediante donativos particulares, incluida la concesión de becas de estudio para seminaristas y sacerdotes africanos. Los proyectos cuentan, habitualmente, con un socio local que se encarga de hacer realidad la iniciativa concreta, de forma que los africanos sean los verdaderos creadores del progreso. Harambee busca colaboraciones con el sector privado para vehicular inversiones concretas que puedan crear puestos de trabajo en tierras africanas, impulsando un espíritu empresarial local con el objetivo de conseguir que empresas europeas inviertan en África. Desde su sede en Roma, Harambee cuenta con equipos de trabajo estables en España, Portugal, Francia, Suiza, Polonia y Estados Unidos, en esos países existe un comité nacional y grupos de voluntarios que llevan adelante los proyectos, a través de distintas formas de voluntariado, actividades de sensibilización y redes sociales.

ANEXO IV: Viajes apostólicos de don Álvaro

San Josemaría vivía pendiente de sus hijos y sus hijos esperaban, con ilusión y alegría, que el Padre acudiese a sus países. Don Álvaro heredó aquel sentido de paternidad y, también, la necesidad de estar con ellos. Durante su vida al frente del Opus Die viajó a cuarenta y dos países, donde predicó a cientos de miles de personas. Sus jornadas se configuraban conforme a un programa de trabajo exigente, con la finalidad, exclusiva, de una entrega heroica a su misión pastoral. Lo presidía el tiempo dedicado al cumplimiento de las normas de piedad y de los tiempos, concretos, de sus encuentros con el Señor[129], pues, el Espíritu Santo es el único capaz de mover los corazones de los hombres.

Con la muerte de san Josemaría finalizó la etapa fundacional del Opus Dei y se abrió la *etapa de la continuidad*. En septiembre de 1975, don Álvaro escribiría, refiriéndose al espíritu: "queda ya inalterable, de tal manera que nadie puede aumentarlo ni disminuirlo". Se impuso la obligación de lealtad y fidelidad al espíritu fundacional: "mantenerlo intacto, conservarlo inmaculado, transmitirlo en toda su plenitud"[130].

Hemos de hacer notar que, a partir de 1976, don Álvaro, sin abandonar sus obligaciones de Padre, en la Obra, ni su dedicación a los encargos de la Curia Romana y papales, emprendió una catequesis pastoral por todo el mundo que duraría, prácticamente, hasta su tránsito al cielo el veintitrés de marzo de 1994[131].

---

[129].- Testimonio de Joaquín Alonso Pacheco, AGP, APD T-19548, p. 51.

[130].- Vid. S. Bernal, *"Recuerdo de Álvaro del Portillo"*, Ed. Rialp, Madrid, 1996, pág. 189 y ss.

[131].- Un resumen de la actividad pastoral y apostólica de don Álvaro del Portillo figura en la Cronología de Mons. Álvaro del Portillo en J.

Entre 1976 y 1989 llevó a cabo una incansable correría apostólica por todo el mundo. Comenzó, en 1976, con una visita a su Santidad el Papa Pablo VI, el cinco de marzo. Viajó a España (Pamplona y Madrid) del once al veinte de junio, para presidir un acto académico en memoria de Josemaría Escrivá. Durante esos días, se reunió en *tertulia*[132] con numerosos grupos de personas de la Obra. Recalaría en Asturias (España) en los meses de julio y agosto.

En las *tertulias*, don Álvaro, hablaba con franqueza y claridad de las cuestiones en las que la doctrina cristiana chocaba con visiones relativistas o materialistas. Hablaba de la verdad, del respeto a la vida, de la fidelidad matrimonial, del amor a la castidad, de la formación en todos sus ámbitos, desde la escuela hasta la vejez, de la justicia social, de los sacramentos, etc. Siempre lo hacía con sentido positivo y la amabilidad y garbo que lo caracterizaban. Lo hacía para contagiar su vida de entrega y ayudar a una nueva evangelización de la que tanto hablaba el Papa Juan Pablo II.

Desde 1976 a 1987, don Álvaro realizará, una y otra vez, viajes pastorales a numerosos países europeos, como respuesta al deseo de Juan Pablo II: la reevangelización de Europa. En 1977, viajaría a Italia, Austria, Alemania y peregrinaría a Lourdes. Desde Lourdes lo haría al Santuario de Torreciudad (España).

Del veinticinco de abril al ocho de junio, de 1983 viajará a Canadá y Estados Unidos aprovechando un viaje pastoral a México, Guatemala y Colombia.

En 1978, había comenzado, en el Opus Dei, un "año mariano", de acción de gracias por el cincuenta aniversario de su fundación. Desde 1978 a 1983, don Álvaro peregrinará a

---

Medina Bayo, *"Álvaro del Portillo. Un hombre fiel"*, Ed. Rialp, Madrid, 2012, págs. 695-722.

[132].- Según la RAE se entiende por tertulia una reunión voluntaria para discurrir de alguna materia. En el Opus Dei, la *"tertulia"* hace referencia a reuniones de familia con grupos de personas de la Obra, cooperadores y amigos, que tratan con libertad de aspectos del espíritu y/o de las actividades apostólicas.

numerosos santuarios marianos alargando la citada acción de gracias y encomendando las labores apostólicas de la Obra por todo el mundo.

A comienzos de mayo de 1978 viajará Suiza, Portugal y España. El seis de agosto, de ese año, fallece Pablo VI, lo que le obligará a volver a Roma para asistir a su funeral. El veintiséis de agosto es elegido Juan Pablo I, que fallecerá el veintinueve de septiembre. El nuevo Papa, Juan Pablo II, lo recibirá, por primera vez, el veintiocho de octubre, y el treinta de ese mes, y hasta el diecisiete de noviembre, don Álvaro emprenderá viajes pastorales a Austria, Alemania, Holanda, Bélgica, Francia y Suiza.

A principios de 1987 don Álvaro emprendió un largo viaje por Asia y Oceanía, que terminaría en Japón el veintitrés de febrero de ese año.

En 1988 emprendería la catequesis más larga por América del Norte. Se dirigió en primer lugar a Nueva York, luego se trasladó a Puerto Rico, Florida y Texas. Por último, a México y de allí regresó a Estados Unidos y por fin Canadá, donde visitó Montreal, Quebec, Ottawa y Toronto. Por fin volvió a Nueva York y el 11 de marzo por la tarde regresó a Roma. Dos meses de actividad intensa, de nuevo, respondiendo a la llamada de Juan Pablo II de una nueva evangelización de la civilización occidental. Habían transcurrido cincuenta y cuatro días de catequesis itinerante.

A comienzos de 1989 don Álvaro habló de la posibilidad de disponer de una casa en Jerusalén. Se le notaba la ilusión de comenzar una labor próxima a los Santos Lugares. En septiembre de ese año comenzaron en la Ciudad Santa dos centros de la Obra, uno de varones y otro de mujeres.

Sin embargo, continuaba mirando, con especial cariño, hacia África. En abril de 1989 cumplió su ilusión y marchó a aquel continente.

El veintidós de agosto de 1989 don Álvaro llegaría al Congo en visita pastoral; el veintiocho de julio de 2011, lo haría su sucesor don Javier Echevarría y, el treinta y uno de enero de 2023, el Papa Francisco en su 40º viaje apostólico visitaría la R.D. del Congo, treinta y siete años después del viaje del Papa Juan Pablo II.

ANEXO V: Sueños realizados y frutos cuajados en la R.D. del Congo

Al referirnos a las iniciativas promovidas por don Álvaro, ya citamos tres labores de la Obra en la R.D. del Congo. Ampliamos aquí la totalidad de centros, labores y actividades derivadas de las citadas iniciativas y otras que hoy se llevan a cabo en los dos centros geográficos (Kinshasa y Lubumbashi) desde donde se realiza, en la actualidad, la labor en el Congo, cuyo trasfondo es la imagen de aquel burro, que, Josemaría Escrivá encontró dando vueltas a una noria en la vega del Órbigo, en julio de 1938. En aquella escena campesina se transparentaba -además de la docilidad- el trabajo cotidiano, humilde, monótono y oscuro, hecho de pequeños y repartidos esfuerzos, pero con espléndidos resultados de feracidad y de servicio: *"¡bendita perseverancia la del borrico de noria! - siempre al mismo paso. Siempre las mismas vueltas. -un día y otro: todos iguales. Sin eso, no habría madurez en los frutos ni lozanía en el huerto, ni tendría aromas el jardín"*[133]

En Kinshasa:

Niangara. Sede de la Comisión regional. Está situado en un barrio cercano al centro de la ciudad.

Club Socio Cultural Galago. Centro juvenil para realización de actividades de alumnos de primaria y secundaria. También ofrece medios de formación cristiana para padres. Está situado cerca del Hospital Monkole, en el barrio de Mont-Ngafula.

Centro Cultural Loango. Realiza actividades de formación para estudiantes de diferentes universidades e institutos supe-riores. Está situado cerca del Campus Universitario (UNIKIN).

---

[133] Cfr. *"Camino"* n. 998.

Centro Cultural Universitario Kemi. Organiza acti-vidades de formación humana y espiritual para universitarios. Está situado cerca del Hospital Monkole, en el barrio de Mont-Ngafula.

Club Socio Cultural Virunga. Sede de la Asesoría regional, al tiempo que organiza actividades de formación humana y espiritual para señoras, jóvenes profesionales y niñas de entre 10 y 18 años. Está situado en un barrio cercano al centro de la ciudad.

Residencia Universitaria Oloma. Cercana al l'Institut Supérieur en Sciences Infirmières. Su emplazamiento facilita el acceso al Instituto de las alumnas que viven fuera de la capital o en barrios alejados. La residencia también está abierta a estudiantes de otras universidades.

Centro Cultural Universitario Tangwa. Situado cerca del Campus Universitario (UNIKIN), facilita a las universitarias formación profesional, humana y espiritual.

Aruwimi. Sede de la escuela de formación en hostelería Kimbondo. Se ocupa, también, de la administración del *Centre de Rencontres Lukunga*.

Centre Congolais de Culture, de Formation et de Développement (CECFOR ASBL). Es una asociación sin ánimo de lucro, situada en la avenida Monkole número 10, en el barrio de Mont-Ngafula. Se trata de un complejo de tres iniciativas cuya finalidad es dar solución a problemas de la población congoleña en el campo de la sanidad.

Centre Hospitalière Mère-Enfant Monkole (CHM). Abrió sus puertas el veintiséis de marzo de 1991 como servicio ambulatorio, ampliando su actividad a la de hospitalización en julio de 1997.

En 1996, Monkole había comenzado su expansión abriendo un primer centro de salud (Antena médica)[134] en el

---

[134].- Para llegar a un número mayor de personas, en su atención sanitaria, educativa o social, se da servicio personalizado, a través de modestas instalaciones equiparables a nuestros dispensarios,

barrio de Kindele (**Centre de Santé Eliba**). En 1997 abrió un segundo centro de salud en el distrito de Télécom (**Centre de Santé Kimbondo**), y, en 2003 abrió el centro de salud en el distrito de Herady (barrio de Selembao), llamado **Centre de Santé Moluka**

En 2005, el CHM abrió un centro de tratamiento ambulatorio (CTA) para el seguimiento de enfermedades infecciosas y patologías crónicas (hipertensión, diabetes, anemia falciforme, VIH/SIDA y tuberculosis). En 2009, se abrió un centro quirúrgico y de consultas especializadas.

En 2007, CECFOR inició la ampliación de Monkole con el objetivo de mejorar la atención y tratamiento de sus pacientes.

El dos de junio de 2014 se inauguró un nuevo edificio, que alberga un hospital de 110 camas con una capacidad futura de 160.

En enero de 2017, Monkole abrió el Centre Médical Monkole Gombe, un ambulatorio en el barrio de La Gombe, en el centro de Kinshasa.

Por último, para ayudar al mantenimiento de Monkole, éste gestiona, desde 2012, un centro médico para empleados de una empresa privada con sede en Muanda (Bajo Congo).

Institut Supérieur en Sciences Infirmières. La grave carencia de servicios médicos de calidad en Congo llevó a un grupo de personas del Opus Dei, junto con otras que no perte-necían a la Obra, a la creación de una escuela de enfermeras que se puso en marcha en 1997 con el fin de preparar a futuras graduadas en enfermería. En un primer momento, formaba enfermeras polivalentes (sección hospitalaria). Más tarde, amplió su oferta a profesionales de enfermería con cursos de formación continua en distintas áreas. Ofrece un segundo ciclo en Adminis-tración de Programas de Salud (MAPS) y una titulación de ma-trona que

---

consultorios, -en el caso de la atención sanitaria- o en pequeñas escuelas locales. Son las denominadas "antenas".

tiene por finalidad contribuir a reducir el índice de mortalidad materno-infantil que sigue siendo muy elevado en este país.

En la actualidad, los programas ofrecidos por el Instituto son: Licenciatura en Enfermería, Licenciatura como Matrona. Además, el Instituto ofrece formación continua al personal sanitario de todo el país, mediante proyectos de higiene hospitalaria y cuidados intensivos entre otras.

Centre de Formation et d'Appui Sanitaire (CEFA). Creado en el año 2000, puso en marcha actividades de formación continua para el personal médico y paramédico del CHM, así como para otros profesionales de la salud de la R.D. del Congo.

Colegios Liziba y Bozindo. En 2008 un grupo de padres y profesores crearon la African Associaton for the Education and Training (AFEDI) como una asociación sin ánimo de lucro con el propósito de contribuir a la educación de jóvenes congoleños. Para ello fundaron los colegios Liziba y Bozindo, en Kinshasa. Hoy son unos 800 alumnos los que se educan en sus aulas.

Centro de Formación Kimbondo. Es un centro especializado en hostelería y restauración. Merece la pena detenerse en conocer los inicios de Kimbondo (1995-1996). Enviadas por don Álvaro las primeras mujeres de la Obra que llegaron al Zaire, en septiembre de 1982, tenían la idea clara de que, para poder ayudar a la mujer africana, era indispensable darle una adecuada formación para el cuidado de la familia y del hogar. En el Congo, era tradición que "*les domestiques*", las perso-nas que se ocupan de los trabajos de la casa fueran hombres, con o ninguna preparación. Por ello, organizar esta formación dirigida, en principio, a la mujer no fue tarea fácil. En aquel momento el Ministerio de Educación tenía el proyecto de refor-zar la formación y el empleo de la mujer, con vistas al desarrollo del turismo en el país. Por lo que fue, relativamente fácil, obtener el permiso de funcionamiento de la escuela, y la acreditación co-rrespondiente para oficializar un diploma de estudios secun-darios en este campo.

Así nació el **Centro de Formación Profesional Kibali**

que comenzó con ocho alumnas en régimen de internado. Cuando don Álvaro vino al Congo en 1989 contaba con una docena de alumnas. Durante su estancia animó a los responsables del proyecto a seguir adelante. Estuvo con las alumnas, a quienes habló de la importancia de sus estudios, necesarios para el desarrollo de su país. Las chicas salían con un sencillo diploma en hostelería que les facilitaba encontrar trabajo. Enseguida fueron muy solicitadas dada su buena preparación integral. En **Kibali**, además de la hostelería, se añadió una sección de corte y confección.

Más tarde, se ampliaron los programas para que la formación cubriera el ciclo de bachillerato completo, siendo aprobado, oficialmente, en 2004, como **Liceo Técnico y Profesional Kimbondo**, con la nueva Sección de Hostelería ampliada. Finalizado este ciclo secundario las alumnas podían pasar, directamente, al mercado del trabajo o continuar estudios superiores.

La formación en costura se prosiguió en la **Antena Social Kimbondo**[135]frecuentada por chicas que, por diferentes motivos, no podían seguir el programa escolar regular.

Hasta el momento se han formado unas 350 alumnas; la mayoría son jóvenes adolescentes de escasos recursos económicos, que han podido hacer sus estudios gracias a las becas otorgadas por empresas y particulares y al taller de confección.

Es elevado el número de peticiones, que recibe el Liceo, por parte de hoteles, hospitales, residencias... etc., demuestra el fuerte impacto causado por el buen hacer del centro, sobre todo, por implicar un cambio de mentalidad en relación con los trabajos del sector servicios.

Asociado al Liceo nació en 2006, el **Centre de Formation des Formateurs du Secteur Terciaire (CFFT)** que ofrece una capacitación modular al personal de hostelería. Actualmente, unas 410 personas, han participado en estos cursos de reciclaje y formación continuada.

---

[135].- Ibídem.

En Lubumbashi (a 1.560 km de distancia de Kinshasa):

Centro Cultural Universitario Tabora. Propone a estudiantes universitarios actividades de formación académica, humana y espiritual.

Centro Cultural Johari. Es una pequeña residencia para universitarias en la que también se organizan actividades de formación académica, humana y espiritual.

A la **República del Congo**, el país vecino, también conocido como Congo Brazaville, se hacen viajes mensuales, donde numerosas personas, tanto hombres como mujeres, participan en distintas actividades de formación.

Aunque actualmente no existe una labor apostólica estable del Opus Dei en otras provincias de la R.D. del Congo, a excepción de las dos ya citadas, sin embargo, son numerosos los cooperadores y amigos que, al calor de las actividades desarrolladas por la Obra, realizan un trabajo maravilloso dando a conocer su espíritu y la devoción a san Josemaría, allá donde van.

Mapa del Congo indicando la situación de las labores. Fuente: africaguide.com

Este libro se terminó de imprimir el 2 de octubre de 2025